こころを科学する心理学入門

［第2版］

森本幸子 著

ムイスリ出版

はじめに

　本書は、心理学を初めて学ぶ人のために作成しました。「心理学」という言葉自体はよく知られているのにもかかわらず、その内容については誤解されていることも多いのではないかと感じることがよくあります。大学 1 年生向けの授業の最初に心理学のイメージを聞いてみると、「何を学ぶのかよくわからない」という人もいますし、「心理学を学べば、人の心を読んだり、操ることができる」というイメージを持っている人もいます。高校までの授業の中で心理学を勉強することはほとんどありませんので、心理学が何を学ぶ学問なのかわからないのは当然のことでしょう。しかし、最近ではテレビや雑誌などで、有名な心理学の理論などが取り上げられることも多くなっています。このようなマスコミからの情報の中には、「心理学を学べば、人の心を読んだり、操ることができる」というような誤解を与えるものもあるようです。

　そこで、本書の目的は、まずは心理学がどのような学問なのかを知ってもらうことです。心理学とは、心の仕組みや働きについて科学的に研究する学問ですが、この場合の「心」とは何を指しているのかについて自ら考えてほしいと思っています。

　加えて、本書で心理学を学ぶことを通して、社会に生きる多様な価値観を持つ人々を理解しようとする素地を身につけてほしいと考えています。ここ数年、価値観の多様化が進むのと同時に、自分の持つ価値観と異なる価値観を持つ相手を理解しようとするのではなく、排除しようとする傾向があるように感じています。それは授業の中でも感じることです。授業のなかで「自分と異なる価値観を持つ人を理解するためにはどうしたらよいのか」という問いに対して、ある学生は「理解する必要はないと思う。わかり合えないことはわかりきっている。だったら最初から、関わらなくてもいいのではないか」と答えました。確かにこのような考え方もあるかもしれません。でもそれでは、社会はますます分断されてしまいます。互いに理解しようとすらしない分断された社会は、自分とは異なる価値観を持つ社会への憎しみを募らせ、それらが対立や排除を招くことになるでしょう。さまざまな価値観を知ることは、自らが広い視野を持つことにもつながります。もちろん、心理学

を学ぶことで多様な価値観を身につけることができるわけではありません。しかし心理学を学ぶことで、価値観における個人差を生み出す要因について理解することはできます。つまり、心理学を学ぶことが異なる価値観への興味・関心につながるかもしれないのです。

　ぜひ本書において心理学とはどのような学問であるのかを学び、自分とは異なる価値観を持つ人を理解するための素地を醸成してほしいと願っています。

　2020 年 11 月

森本幸子

目 次

第1章

心理学史

　みなさんは、「心理学」と聞いてどのようなイメージを持つだろうか。心理学は、哲学や自然科学の流れをくむ学問であると聞くと驚く人も多いだろう。正式に「心理学」という名称が誕生するのは、19世紀後半になるが、それまでの時代においても、現在の心理学に通じる理論がさまざまな哲学者によって論じられている。そして、科学としての心理学が登場した後は、医療、福祉、教育、認知科学、社会学などさまざまな分野と融合しながら心理学の研究領域はさらに広がっている。

　この章では、心理学の始まりやその歴史について学ぶ。

1.1　ギリシャ時代

　心理学は「こころ」を扱う学問である。では、「こころ」とは一体何だろうか。この「こころ」に相当するのが古代ギリシャでいうところの「霊魂」あるいは「魂」（プシュケ）であろう。古代ギリシャで「魂」がどのようにとらえられていたのかについては、哲学者プラトンの著書がわかりやすいだろう。

　プラトンはソクラテスの弟子であり、ソクラテスの教えをその著書にまとめている。『パイドン』には、ソクラテスが死を目前にして、「魂が真実に触れることができるのは聴覚、視覚、苦痛、快楽などの肉体の影響に煩わされることなく肉体を離れて、真実を追求しようとするときだけである」と弟子に語る場面がある（田中，1993）。

　つまり、真実を求める者であれば、「よい服を着たい」「美味しいものを食べ

たい」といった肉体の欲求に惑わされることなく、真実を探求することにのみ打ち込むべきであり、死は真に肉体の影響から魂が解放される瞬間であると考えられていた。肉体を解放された魂は消えてしまうのではなく、高貴で清浄不可視的な世界（ハデス）の国の善良賢明な神のもとへ赴き、愚かさや快楽に溺れるなどの人間的悪から解放されるのである。このように、プラトンは魂と肉体を分けて考え、魂は肉体にとらわれた存在であると考えていたようだ。

アリストテレスはプラトンの教えを受けた哲学者である。プラトンは学校を立ち上げ教育を始めるが、そこに入学してきたのがアリストテレスである。アリストテレスは、この世に存在するものは身体などの形があるもの（素材）と、素材をそのものたらしめる形のない形相から成立していると考えた。霊魂はこの形相に相当する。形相としての霊魂は、素材としての身体にあって初めてその人らしさが宿り、身体と魂は不可分な1つの実体であるとした。

これはプラトンとは異なる考え方である。プラトンは魂が肉体という入れ物に閉じ込められており、死をもって魂はハデスの国に帰り、また地上に生まれるときには別の肉体に閉じ込められると考えていた。

しかし、アリストテレスは、私の身体に私の魂が宿るからこそ「私」となりうるのであり、この世にはプラトンが言うような実在するものの影ではなく、素材と形相が一体となった実体こそ真に存在するのだと考えていた。アリストテレスの魂についての考え方は現在の心理学に通じるところがあり、彼の著書である『霊魂論』は、世界最古の心理学書であるとされている。

しかし、残念ながらアリストテレスの死後、学派間の対立が起こり、アリストテレスの霊魂観は後世に引き継がれることはなかった。

1.2　近代哲学

近代哲学の祖とされるデカルトは、「我思う、ゆえに我あり」という有名な言葉を遺していることで知られるが、彼もまた心理学に与えた影響は大きい。

デカルトは「こころ」と「身体」はまったくの別物であるとして心身二元論の立場をとる。「こころ」の働きは生まれつき人間に備わっているものである

と考えていた一方で、「身体」は「物体」に関する自然科学的な法則で支配される自動機械のようなものだとしていた。「こころ」の働きが生得的であるとした点では、プラトンの霊魂観に類似した考え方ともいえるだろう。デカルトの「こころ」についての捉え方に影響を受け、後に誕生した心理学では「こころ」を調べるために人間の意識を研究対象としたのである。

デカルトに対してイギリス経験主義では、生まれたばかりの人間の「こころ」(観念)は白紙の状態であり、感覚的経験によってさまざまなものが刻まれていくのだとする経験説の立場をとった。そして、ときに複雑な私たちの「こころ」(観念)について、すべての観念は五官が刺激を受けるとさまざまな感覚が同時に引き起こされ、しばしばそれらは混じり合い、結合してより複雑な観念を生じさせると説明している。

このように、まだ心理学が誕生する前の哲学において、「こころ」とはどういうものなのか、どのようにして生じるのかについてすでに議論がなされていたことがわかるだろう。

1.3　精神物理学

ウェーバー(1795〜1878)は、ドイツのライプチヒ大学の生理学者であり、触覚の研究において、弁別閾が基の刺激の大きさに比例するというウェーバーの法則を見出した人物である。そして、ウェーバーの法則を定式化したのがフェヒナー(1801〜1887)である。フェヒナーはそれらを体系化し、『精神物理的要綱』にまとめて、精神物理的測定法の基礎を築いた。

1.4　ヴントの実験心理学教室

1879 年にライプチヒ大学に世界で初めて実験心理学教室(ゼミナール)を開設したのがヴント(1832〜1920)である。彼はもともと医学部の学生であったが、医学を学ぶうちに生理学に興味を惹かれて生理学者としての道を歩んだ人物である。なお、前述のウェーバーやフェヒナーはライプチヒ大学の同僚ということになる。

　生理学者としての研究生活の中で、早くから知覚とは他の生理学者のいう感覚よりも、より心理学的な要素を持つものであるという考えが彼の中で芽生えていたようだ。1862 年に執筆した『感覚知覚理論への寄与』は彼の初めての実験心理学分野の仕事とされる。ヴントは、ウェーバーやフェヒナーとは異なり、刺激の物理量と主観量との関係性を明らかにすることを目的とはせず、物理的な刺激に対する要素的な感覚から高次の知覚的世界が構成される際に、どのような法則に基づいて知覚的世界が構成されるのかを明らかにしようとした。

　心理学は、刺激を受けた人に生じる経験を研究対象とすべきであり、またこの経験を観察できるのは経験した本人のみである。観察した本人から経験を切り離して考えることはできないと考え、ヴントはこの経験のことを**直接経験**とよんだ。そして直接経験、つまり意識過程を調べるための方法が内観（自己観察）である、と述べている。

　物質が、分子や原子から構成されているのと同様に、意識も感覚や観念などの心理的な要素で構成されていると考え、内観を用いてそれらを明らかにしようとした。哲学と同じく「こころ」を探求する学問であるが、形而上的な実体として魂や精神を扱うことはなく、経験科学の立場をとる「心理学」という新しい学問を展開したという点で、ヴントの功績は大きいものであった。しかし、自身が掲げた、心理学の目的である意識過程を担う具体的な生理過程を発見することはできず、さまざまな立場からヴントは次第に批判されるようになった。

1.5　行動主義心理学

　ヴントの心理学を批判した 1 つの立場は、ワトソンに代表される行動主義心理学であった。ワトソン（1878〜1958）は、シカゴ大学において実験心理学や哲学、生物学や生理学を学んだ人物である。当時のアメリカではヴントの実験心理学の影響を受けつつも、実用的（プラグマティック）な考え方が重視されていた。ワトソンはそのような風潮を多分に受け、1912 年にコロンビア大学に招かれて「行動主義者の見た心理学」というテーマの講演を行った。

その内容は翌年論文にまとめられたが、その論文において「心理学とは、純粋に客観的で実験的な自然科学の一部門であり、その理論的な目標は、行動の予測とコントロールにある」と述べている。そして、「心理学は意識ではなく、生体が遺伝と習慣に基づいて自らを環境に適応させるということを扱うべきであり、その適応の際に、生体反応を生じさせる刺激を明らかにすることが重要である。それは、刺激によって生じる反応を予測することができるためであり、これこそが心理学の目的である」と述べている。

ワトソンは、内観という主観的な方法で意識状態を明らかにしようとしたヴントを批判した。1914 年には『行動―比較心理学入門』を著し、心理学は刺激と反応、習慣形成や習慣統合という用語を用いて記されるべきであると述べていることから、ワトソンの心理学は「S(刺激)－R(反応)心理学」とよばれるようになった。

ワトソンは、観察法や条件反射法、言語報告法、テスト法を用いて、情動、習慣、パーソナリティを明らかにすることを目指したが、彼の考えは当時のアメリカ心理学会に多大な影響を与えたと考えられる。その証拠に 30 代の若さでアメリカ心理学会の会長に就任している。

1.6 ゲシュタルト心理学

ゲシュタルト心理学がこの世に誕生したのは、ヴェルトハイマーとケーラー、コフカとの偶然的な出会いによるものであった。ヴェルトハイマー(1880～1943)が運動知覚の実験を行ったときに、被験者を兼ねて協力したのがケーラー(1887～1967)とコフカ(1886～1941)である。3 人はともにまだ駆け出しの心理学者であり、既存の心理学ではない新しい心理学を模索しているところだった。3 人は偶然出会い、意気投合して新しい心理学の研究を始めた。ゲシュタルト心理学が成立したのは『運動視の実験的研究』をヴェルトハイマーが発表した 1912 年といわれる。その後レヴィンなども加わり、ベルリンを中心に発展した。

ところで、みなさんは「ゲシュタルト」とはどういう意味か知っているだろうか。最近ではコミックなどで「ゲシュタルト崩壊」という言葉が出てくるら

しく、「ゲシュタルト」という言葉を聞いたことがある人もいるだろう。

　ゲシュタルトとは、「形態」や「まとまり」を意味する言葉である。たとえば、図 1-1 を見てほしい。図は何に見えるだろうか。多くの人は顔に見えるのではないだろうか。「丸が 3 つと四角が 1 つ」と答える人はいないだろう。このように私たちは、物事を見るときに 1 つひとつの要素を捉えるのではなく、まとまりとして全体を捉える傾向を持つ。

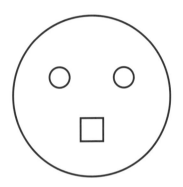

図 1-1　丸が 3 つと四角が 1 つの図

　ヴェルトハイマーは、ヴントやワトソンの心理学を批判し、それまでの心理学理論は要素のモザイク的な集合として心理過程を捉えようとするが、要素は全体の中に組み込まれた時点で要素ではなく、まとまったゲシュタルトを作っている全体の中の部分となると述べている。もちろん、ゲシュタルトは知覚においてのみ見られるのではなく、記憶や思考、態度、パーソナリティなど心理学全般にわたってゲシュタルトの性質が存在する。ゲシュタルト心理学の研究対象は知覚にとどまらずさまざまな領域に広がり、要素主義からの転換が浸透していった。

1.7 新行動主義心理学

　ゲシュタルト心理学による要素主義からの転換の影響を受け、ワトソンの行動主義を修正した新行動主義または後期行動主義とよばれる立場が出現した。なかでもトールマン(1886～1959)は、一時期ドイツに遊学してゲシュタルト心理学者のコフカに接した経験を持ち、ゲシュタルト的な視点を行動主義に取り入れた人物である。ワトソンが刺激に対する反応を筋肉の収縮や腺の分泌といったミクロ的な要素として考えていたのに対して、トールマンは著書である『動物と人間における目的的行動』(1932)の中で、刺激に対する反応は行動行為といったマクロ的な視点、総体的な視点でとらえられるべきだと主張している。

　また、生活体は行動に先立って環境に関する認知地図を構成し、それに沿った期待や仮説に基づいて行動すると述べた。つまり、トールマンは、反応(行動)は環境条件と生体の内部条件によって影響を受けると考えていた。ゴールに餌が置いてある迷路に数匹のネズミを入れたとき、同じようにスタート地点に置かれた瞬間からすべてのネズミが一生懸命餌を目指して迷路内を探索するわけではない。そのネズミが空腹であったり、餌が大好物の物であったり、迷路が得意であるなどさまざまな要因が探索行動に影響を与えるというのがトールマンの考えである。この点が、刺激を与えれば筋肉に反応が生じると生体を「刺激─反応」のように単純化してとらえていたワトソンとは異なる。

　トールマンとならんで新行動主義の代表とされるのがハルである。ハル(1884～1952)は、トールマンと異なり、ゲシュタルト心理学とは距離をとり、むしろワトソンの行動主義である「刺激─反応」に興味関心を持ち、研究を続けた。ゲシュタルト心理学と距離をとるようになったのは、ゲシュタルト心理学者のコフカが講演の中でワトソンの行動主義を攻撃したことが原因だといわれている。彼は外界へ適応する過程を学習や条件づけを用いて表そうとした。その著書である『行動の原理』(1943)や『行動の体系』(1952)には、ある行動の生起が数量的モデル(さまざまな変数による方程式)によって表されている。彼の理論はその後の生理心理学領域に大きな影響を与えた。

1.8　現代の心理学

　ヴントに始まる心理学の歴史の中で、行動主義心理学やゲシュタルト心理
学の対立、新行動主義の台頭について述べてきたが、そこで見えてきたのは、
心理学といえども他の学問同様にその時代背景に影響を受けるということだ
ろうか。あるときは哲学的な流れに影響を受け、またあるときは戦争の影響
を受けている。時代の流れとともに学派間の極端な対立は解消され、折衷的
な心理学的背景を持つ人が増えたとも思える。そして現代の心理学を眺めて
みると、心理学の専門領域は次第に細分化されていることに気づく。
　2018 年の公益社団法人日本心理学会の学術大会における研究発表分野を調
べてみると(表 1-1)、「心の測定のための原理・原則」に始まり、「環境」まで
の 20 分野にも及ぶ。人の意識過程を明らかにしようとしたヴントに始まる心
理学は、今や人が関わるものすべてにその研究対象を広げているといっても
過言ではないだろう。心理学を超えて他の学問領域との融合も進んでおり、
今後もこの傾向が続いていくと考えられる。そこに人がいる限り、心理学の
研究領域は広がり続けるのかもしれない。

表 1-1　日本心理学会第 82 回大会における発表領域（2018 年）

1 原理・原則	11 記憶
2 人格	12 言語・思考
3 社会・文化	13 情動・動機づけ
4 臨床・障害	14 行動
5 犯罪・非行	15 発達
6 数理・統計	16 教育
7 生理	17 産業・交通
8 感覚・知覚	18 スポーツ・健康
9 認知	19 ジェンダー
10 学習	20 環境

第2章

感覚知覚

　朝起きてふと外を見ると、昨日よりも朝日がまぶしく、また暖かく感じる。確実に季節が移り替わっていく様子に気がつく瞬間がある。そしてあなたは、「今日は昨日よりも気温が高そうだから少し薄手の服で学校に行こう」と考えるかもしれない。

　このように私たちは外界を知り、それをもとに行動を起こすだろう。外界を理解することは私たち人間の行動を理解するために不可欠である。この章では、私たちがどのようにして外界を理解しているのかについて学ぶ。

2.1　人の感覚

　人の感覚について、**視覚**、**聴覚**、**嗅覚**、**味覚**、**皮膚感覚**の5官(感)はよく知られているが、最近ではこれらに運動感覚(自己受容感覚)、平衡感覚、内臓感覚の3官を加えて8官存在すると考えられている。**運動感覚**とは、筋や関節、腱の全体的あるいは部分的な運動に関する感覚であり、位置、方向、物を持ち上げたときの重量判定などの筋肉の動きや、関節や腱からの感覚を指す。**平衡感覚**は身体の傾きに関する感覚であり、**内臓感覚**とは、吐き気や痛み、空腹や渇きを感じるときなどの内臓の感覚を指す。

　それぞれの感覚の受容器において受け取った刺激は、脳で統合されて知覚される。たとえば、ペンを持つときには、ペンを触った感覚(触覚)だけではなく、それを持つ筋の動き(運動感覚)、ペンを見ている場合には視覚、ペンで字を書くときにはその音を聴覚受容器において受容し、その情報を脳に送るこ

とになる。それらが統合されて、自分が今、ノートに板書を書き写していることが知覚される。複数の感覚受容器から入力された情報を脳で統合する際には、その生活体の特徴に合わせてどの情報が重視されるのかが異なる。人間の場合は、視覚を中心とした統合が行われるといわれる。

　ここでは、視覚を中心に外界を理解する仕組みについて説明しよう。

2.2　視　覚

（1）眼球の構造

　光刺激は、瞳孔を通って眼球内に入り、水晶体による焦点調節により屈折して、その像を網膜上に結ぶ。ちょうどカメラと似た構造をしており、水晶体がカメラのレンズに相当する役割を果たし、フィルムに当たるのが網膜である。光の量の調節は虹彩によって行われる（図2-1）。

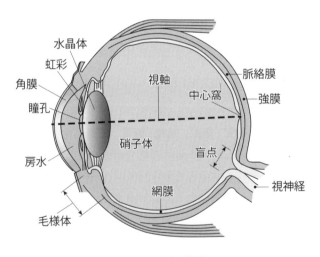

図2-1　眼球の構造

（2）網膜の機能

　網膜上には、錐体と桿体（かんたい）という2種類の視細胞（光受容細胞）が存在する。錐体は中心窩付近に多く存在するが、桿体は中心窩には少なく、その

周辺部に多く存在する。存在する場所が異なることから推測されるように、2種類の視細胞の機能は異なる。錐体は明るい場所で作用し、色を識別したり、物を明瞭に見る能力に優れる。一方、桿体は暗い場所で作用し、色を識別する能力はないものの、光刺激に対する感度が高く、暗い場所で物を見る能力に優れる。

　光刺激を感知すると、視細胞はそれぞれ光刺激を電気的なインパルスに変換して、視神経や視交叉を経由して脳の外側膝状体へインパルスを伝達する。最終的に、脳の後頭葉にある視覚野にインパルスが伝えられることにより光刺激を伝達する。このように、網膜像に映った像を電気的なインパルスへ変換して脳に情報を伝達するプロセスを**感覚**とよぶ。

2.3　知　覚

　先に説明したとおり、感覚とは感覚受容器で受け取った刺激を電気的なインパルスに変換し、最終的に脳へ情報を伝達するプロセスを指す。

　では知覚とは何だろうか。知覚とは、脳に伝達された情報をもとに、過去の経験などを用いて編集し、自分なりの意味づけを行うことを指す。たとえば、教室の窓から外を眺めたときに青空に白い雲が浮かんでいるのが見えたとしよう。同じように窓から外を眺めている同じ教室の生徒の脳には、同じような情報が伝達されているはずである。しかし、ある生徒は青い空に注意を向けて「いつもとは違う深い青色だ」と感じているし、別の生徒は空の青さを「いつもと同じ空の色だ」と感じている。これはそれぞれが受け取った感覚刺激に意味づけをした結果であり、このプロセスは**知覚**とよばれる。感覚は物理的、客観的刺激情報が脳に伝達されるために、生徒は同じ情報を受け取ることになるが、知覚は各自がさまざまな意味づけを行うために、個人個人で異なる。

2.4 形の知覚

　私たちは外界を知覚するときに、見ようとする対象物をその背景から分離して1つのまとまりとして知覚する。これを「図」とよび、図に対する背景となる部分を「地」とよぶ。図2-2は、図と地を反転させることができる反転図形として有名な「ルビンの杯」である。中央の白い部分を図、その周囲の黒い部分を地と見れば、白い部分が杯に見えるが、白い部分を地、黒い部分を図と見れば、向かい合っている2人の人の横顔を見ることができる。続いて、図2-3には何が描かれているかわかるだろうか。図2-2と図2-3を見て、図として見えやすい特徴について考えてみよう。

図2-2　ルビンの杯

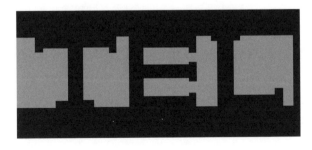

図2-3　図地反転図形

　そもそも私たちが外界を知覚するとき、どのように見えているのだろうか。第 1 章の図 1-1 を見てほしい。図 1-1 は何に見えるだろうか。多くの人は「顔」と答えるかもしれない。だが図 1-1 は単に大きい円、小さい円、小さい四角の集合にすぎない。しかし、そう言われても、どうしても「顔」に見えてしまうのは、私たちが外界を知覚するときに、多くのものを互いに関連づけてまとまったものとして見ようとする傾向を持つためである。ゲシュタルト心理学の創始者であるヴェルトハイマーは、このようにまとめて物を捉える傾向(群化の法則)について明らかにしている(図 2-4)。

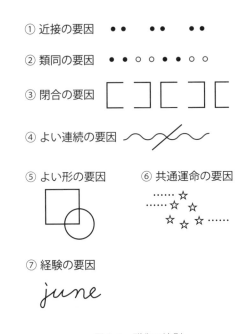

① 近接の要因

② 類同の要因

③ 閉合の要因

④ よい連続の要因

⑤ よい形の要因　　⑥ 共通運命の要因

⑦ 経験の要因

june

図 2-4　群化の法則

① **近接の要因**：近くにあるものはまとまって知覚されやすい。
② **類同の要因**：色、形、大きさが似ているものはまとまって知覚されやすい。
③ **閉合の要因**：互いに閉じ合うものは、開かれているものよりもまとまって知覚されやすい。
④ **よい連続の要因**：なめらかな連続性を持つものは、そうでないものよりも自然な配列として知覚されやすい。
⑤ **よい形の要因**：規則的な図形や対称な図形は、ひとまとまりとして知覚されやすい。
⑥ **共通運命の要因**：一緒に動いたり変化するものは、1 つのまとまりとして知覚されやすい。
⑦ **経験の要因**：過去に観察されたものは、ひとまとまりとして知覚されやすい。

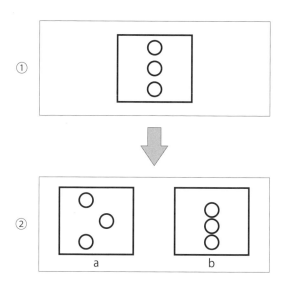

図 2-5　まとまり知覚実験

Milewski (1979) を一部改変

　生得的あるいは発達のかなり初期から私たちは物をまとめて捉える傾向を持つことが、赤ちゃんを対象にした実験において確かめられている。生後 3 か月の赤ちゃんに、図 2-5 の①のような図を飽きるまで見せた後、②の a と b の図を同時に見せる。すると、赤ちゃんは a の図のほうをじっと見るのだ。これは、①と② b の図は形が似ており、すでに①の図を見慣れていた赤ちゃんは、② b の図ではなく② a の図のほうに興味を持ったためであると考えられる。つまり、生後 3 か月の赤ちゃんでも、丸を 1 つずつ見ているわけではなく、全体の形として図を見ていることがわかる(Milewski, 1979)。

2.5 空間知覚

　私たちは初めて登る階段であっても、決して高さを見誤って脚を上げすぎたり、また脚を上げ足りなかったりして転ぶということはないだろう。つまり初めて登る階段の高さを知覚し、それに合わせて脚を上げているのだ。このように物の高さや大きさ、奥行きなどを知覚することを**空間知覚**とよぶ。空間知覚のために重要な役割を果たしているのが私たちの眼である。空間知覚について、単眼による要因と複眼による要因に分けて説明しよう。

（1）単眼による知覚
① **水晶体の調節**：対象物にピントを合わせるときには、対象物までの距離が遠いほど水晶体を薄くし、近いほど水晶体を厚くする。
② **運動視差**：移動中に窓から外の景色を眺めると、遠くにあるものは自分と同じ方向に移動しているように見えるが、近くにあるものは自分とは反対方向に移動しているように見える。
③ **網膜像における大きさ**：対象物の大きさがわかっている場合には、網膜に映る対象物の像は、対象物までの距離が遠ければ小さく、近ければ大きいことが手掛かりとなる。
④ **線遠近法**：線路や直線の道路などを見ると、遠くなるほど平行線の先が狭くなっているように見える。
⑤ **きめの勾配**：河原の石などを見ると、近いものはきめが粗く、遠くなるほどきめが細かく見える。
⑥ **大気遠近法**：景色を見るときに、近くは鮮明に見えるが、遠くの山などはぼやけて見える。
⑦ **重なり合い**：近くにある図形が遠くにある図形を覆い隠すことにより、隠された図形が遠くにあると知覚される。
⑧ **陰影・明暗**：光が当たることによって影ができ、陰で黒くなる部分は凹んでいるように立体的に見える。
⑨ **形**：図2-6のように立体的に見える形がある
⑩ **色彩**：赤系統の色は青系統の色に比べて前に出ているように見える。

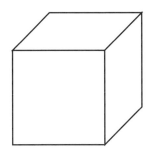

図2-6　立体に見える形

（2）複眼による知覚

① **両眼輻輳**（ふくそう）：両眼で対象物を見る場合には、対象物までの距離が遠ければ両眼の視線が交差する角度はほぼ平行にちかくなる。両眼の視線が交差する角度を輻輳角とよび、輻輳角を作るために眼球を内転させるための筋緊張を手掛かりとして奥行きが知覚される。対象物までの距離が 20m 以内で有効といわれる。

② **両眼視差**：人間の右と左の眼の距離は約 6cm 離れているために、網膜像に微妙にずれが生じることになるが、この情報が脳に送られ、脳でずれを計算して立体視される。3D 映像などはこの原理を応用したものである。

2.6 運動知覚

　授業中に教科書やノートの隅にパラパラ漫画を描いた経験がある人もいるだろう。パラパラ漫画とは少しずつ移動させた像を連続して見ることにより、そこに動きを知覚するものであるが、これを**運動知覚**とよぶ。

① **仮現運動**：パラパラ漫画や映画に代表される静止画を、適切な距離と時間間隔で提示するとそこに動きを知覚すること。静止画を 24 コマ/秒でスクリーンに映写すると映像は滑らかに動いて見えるといわれる。これは仮現運動の一種で**ベータ運動**とよばれる。

② **誘導運動**：電車に乗り発車を待っているときに、並んで停車していた別の電車が動き出す。すると、自分が乗っている電車は停まっているにも関わらず、自分が乗っている電車が動き出したかのように感じることがある。これを**誘導運動**とよぶ。

③ **運動残効**：滝の流れる様子をしばらく見た後に、滝のすぐわきにある岩や木を見ると、岩や木が滝とは反対の上方向に向かって移動しているように見える。これは**運動残効**とよばれるもので、運動している対象を眺めた後に周囲の静止している対象を見ると、先ほどの運動方向とは反対向きに動いているように見える現象である。

④ **自動運動**：暗室の中で光点を見ていると、光点がいろいろな方向に揺れ動くように見えることがあるが、これを**自動運動**とよぶ。

2.7 知覚の恒常性

　図 2-7 を見てほしい。ドアの絵が描かれているが、a から c のドアの絵を見て、ドアの形が変化したと思う人はいないだろう。網膜に映ったドアの絵はすべて異なり、ドアの形が変化したように見えるが、すべて同じ形のドアであることを私たちは理解している。このように、私たちは刺激が変化しても比較的安定して知覚することができる。この現象のことを**恒常現象**、または形の**恒常性**とよぶ。恒常性には、明るさの恒常性や大きさの恒常性もある。明るさの恒常性とは、明るいところで見ても暗いところで見ても、白い色は白

く知覚され、黒い色は黒く知覚されることを指す。大きさの恒常性とは、同じ
ものを遠くから見ても目の前で見ても、対象の大きさがわかっている場合に
は、大きさは同じであると知覚されることである。私たちは恒常性のおかげ
で外界を安定して知覚することが可能になる。

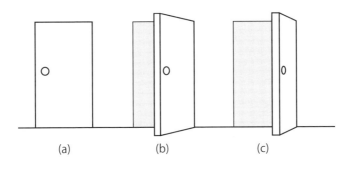

図 2-7　形の恒常性

松田（1995）を一部改変

2.8 錯覚

　地平線や水平線に近いところにある月がやけに大きく感じたことはないだ
ろうか。しかしその月が天空に昇りきると、先ほどまでいつもより大きい月
のように見えていた月の大きさは、いつもと同じ程度の大きさにしか見えな
くなる。

　このように、地平線や水平線に近いところにある月が大きく見える現象は
月の**錯視**とよばれる。錯視は錯覚の 1 つであり、網膜像に映る像とその知覚
体験とが大きく食い違う現象を指す。20 世紀初頭にかけて、多くの研究者に
よって人工的に作成された幾何学的錯視図形が次々と発表された（図 2-8）。

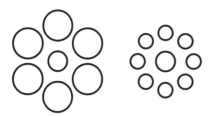

（1）エビングハウスの錯視図

（4）ツェルナーの錯視図

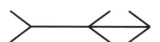

（2）ミュラー・リヤーの矢羽

（5）ポッゲンドルフの錯視図

（3）ポンゾの錯視図

図 2-8　幾何学的錯視図形

2.9 知覚に影響を及ぼす要因

　すでに述べてきたとおり、私たちは外界の刺激をそのまま知覚するのではなく、入力された刺激に対しての解釈や推論が知覚のプロセスの中で行われる。そして、その刺激に対する解釈や推論はしばしば先行知識や経験によって影響を受ける。

　図 2-9 を見てほしい。図を①の文脈でみると上の「13」はアルファベットの「B」に見えるが、別の文脈である②の文脈でみると「13」と知覚される。刺激自体は同じものである。このように私たちは、刺激を知覚するときには、外界のさまざまな情報と合わせてその文脈に沿った形で知覚する。

　私たちは他の人も自分と同じように世界を知覚していると思い込んでいるが、同じように外界を見ていても、あなたの見ている世界と他の人が見ている世界は異なるのかもしれないのだ。

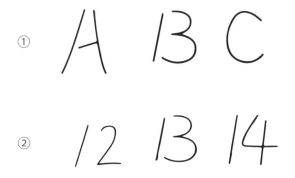

図2-9　知覚に及ぼす文脈の影響

Bruner,J.S.& Minturn,A.L.,(1955), Perceptual identification and perceptual organization,より

第3章

感 情

「〇〇さんは感情的だ」「感情的になる」のように、私たちは日常生活の中で「感情」という言葉を使う。普段使っている「感情」という言葉は、理性を失い興奮している様子を指すことも多いが、通常は喜怒哀楽など、まさに私たちが日々の中で感じているものを「感情」とよぶ。感情はその人が「感じている」体験であり、それが他者と同じものであるのかどうかわからない。そのため、科学的であろうとする心理学の中では研究対象とみなされなかった歴史を持つ。特に、行動主義的な観点からすると、感情は主観的な現象であり、かつ感情的経験は個人的なものであるために、心理学の研究対象としては不適当とされた。しかし最近になって、認知心理学や脳機能研究の視点から感情研究が再び注目を集めるようになっている。本章では、なぜ「感情」が生じるのかに加えて、感情と結びついたさまざまな要因について学ぶ。

3.1 感情とは何か

　ラッセル(2003)が述べているように、高度に抽象化された絵画と子どもの落書きとの境界が曖昧であるのと同じように、感情と感情でないものとの境界は曖昧であり、両者を区別することは困難である。しかし、感情とは何であるのかについて述べずに感情について論ずることはできない。ここでは、あえて感情とは何かについて定義しておきたい。

　感情についてはさまざまな定義はあるものの、一般的には感情とは、刺激に対して生起する反応であり、認知、主観的体験、生理的変化、行動の4つの

要素から構成されているものである。自分に向けられた友だちの一言を聞き、腹が立ったり、昨日の出来事を思い出して楽しい気分になったりするように、内外の刺激によって感情は喚起される。また、感情は、刺激に対する評価である認知、そのときに自覚している感情である主観的体験、身体的な変化である生理的変化、そして感情を反映した行動の4つより構成される。たとえば、何気なく外を見たら虹が出ていたとする。それを見たあなたは、「これは幸運の兆しだ。何かいいことが起こるかもしれない」と思う（認知）。そして、うれしく、ワクワクしている自分に気づくだろう（主観的体験）。心臓はドキドキし、呼吸も早くなる（生理的反応）。授業中にも関わらず思わず笑みがこぼれ（行動）、周囲の人から怪しまれるかもしれない。このように、感情は刺激に対する反応であり、4つの要素で構成されるものであるのだ。

　ところで、心理学には「感情」とほぼ同じ意味で用いられる「情動」、「情緒」や「気分」、「情操」という用語が存在する。あまり明確な区別はなされていないが、一般的に「**情動**」は、急激に生じ、短時間で終わる比較的短い感情状態を指すと言われる。特にその生物学的側面、臨床的側面に焦点を当てる場合には、「情動」を用いることが多い。「**情緒**」は、「情動」と同じように比較的短時間で終わる感情状態を指すが、主に発達心理学領域では「情動」ではなく「情緒」を用いる。「**気分**」は、「情動」や「情緒」に比べて長時間持続的に生じる比較的弱い感情状態を指す。「気分」は、数日から数週間の単位で持続すると考えられる。そして「**情操**」は、高度に知的な感情であり、文化的価値に関連する学習を通じて獲得される感情状態である。これらの「情動」、「情緒」、「気分」、「情操」などの総称が「感情」であり、感情は包括的な用語であることがわかる。

　なぜ私たち人間には感情があるのだろうか。澤田(2007)は感情の意義について4つにまとめている。まずは、感情は対人関係において重要な情報の伝達を可能にすることがあげられる。たとえば、子どもの感情表出は親に子どもの内的状態（快か不快か）を伝えるだけではなく、親からの適切な養育行動も引き出すことができる。続いて、感情には動機づけ（第6章参照）的性質を持ち、ある特定の事象や対象に意識を没頭させる働きがある。大好きなことに熱中しているときには、あっという間に時間が過ぎるという経験をしたこと

のある人も多いだろう。第3に、感情は自分が何を望み、何を大切だと感じているのかについて手がかりを与えてくれる。たとえば、自分が将来どんな職に就きたいのかを考えたときに、「楽しそう」「面白そう」といった感情を手がかりに職を選ぶ人は多い。「つらそう」「苦しそう」と感じる職を選ぼうと思う人は少ないだろう。このように感情は自分が何を望むのかを明確にし、行動をとるための手がかりを与えてくれるのだ。最後の意義は、感情によって我々の生活は豊かになることだろう。特に「たのしい」「うれしい」などのポジティブな感情は幸福感を高めるものだ。だが、重要なのはポジティブな感情だけではない。「怒り」や「不安」などのネガティブな感情でさえ、私たちを次の行動に駆り立てるという点では人格形成や自己実現にとって一定の役割を果たしていると考えられる。テスト勉強を怠り、テストの点が悪く単位を落としてしまった場合は、テスト勉強を怠っていた自分に怒りを感じるとともに、追試で及第点を取れるかどうかという不安も生じるだろう。そこで、より一層集中してテスト勉強に励むことで、無事追試に合格するだけではなく、その後はもう二度とこのようなことが無いようにより熱心に勉強に励むかもしれない。このように、感情は心理学的に考えると、対人関係を維持し、自分の幸福感を高め、そして人格形成や自己実現のために必要なものだと考えられる。

3.2　感情喚起のプロセス

　感情はどのようなメカニズムで生じるのだろうか。どのようにして感情が喚起されるのかについてさまざまな理論が存在する。ここではその一部を紹介しよう。

（1）末梢起源説（ジェームズ=ランゲ説）
　私たちは通常、悲しいことを見たり聞いたりすると涙が流れるが、ジェームズによるとこれは「悲しいから泣く」のではなく、「泣くから悲しい」ということになる。ジェームズは、末梢反応は感情に先立って生じると考えていた。たとえば、山でクマに出くわしたときには、クマを見た瞬間に自律神経の

活動は高まり"闘争か逃走か反応"が生じる。そうした末梢での変化を知覚して、「怖い」という感情が遅れて生じると説明している。**ジェームズ゠ランゲ説**のプロセスを図示したものが図3-1である。

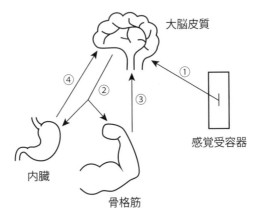

図3-1　末梢起源説

Cannon (1931) を一部改変

　感覚受容器からの情報が大脳皮質（中枢）に入力・処理され、その情報は心拍数の増加などのように内臓や骨格筋といった末梢の反応として現れる。それらの反応は再度大脳皮質へ送られ、末梢の反応に合わせた主観的体験として感情が意識されるのだ。実際、恐れと怒りでは、末梢の反応に違いがみられることがアックス(1953)によって明らかにされている(図3-2)。

　ジェームズの感情喚起理論は、ランゲの感情喚起理論と類似していたことから、両者の名前をとってジェームズ゠ランゲ説とよばれている。

（2）中枢起源説（キャノン゠バード説）

　ジェームズの弟子であったキャノンは、ジェームズの感情喚起理論では、感情喚起を十分に説明できないと考えた。ジェームズ゠ランゲ説では、末梢反応を解釈して感情が生起するという立場であるが、そもそも感情を伴う末梢の反応はどれもみな類似していて、末梢反応から特定の感情を区別して喚起するのは難しいことを指摘した。アドレナリンを注射するなど末梢反応を人

為的に生じさせても感情が喚起されなかったことから、キャノンは、感情を喚起させるのは末梢ではなく脳の視床であり、末梢反応は感情喚起に付随して生起していると考えた。つまり、図 3-3 のように、感覚受容器から視床下部に入力された情報は、内臓や骨格筋などの末梢に情報を伝達し、末梢反応を生じさせるとともに、大脳皮質に情報を送り、そこで主観的体験として感情を意識するのである。キャノンの感情喚起説は、一緒に研究を進めていた弟子のバードの名前とともに、**キャノン=バード説**、あるいは、脳の中枢の活動を重視したことから中枢起源説とよばれる。感情を脳の活動と関連付けてその仕組みを解明しようとする彼らの理論は、現在行われている数多くの感情の神経心理学的研究の先駆けとなっている。

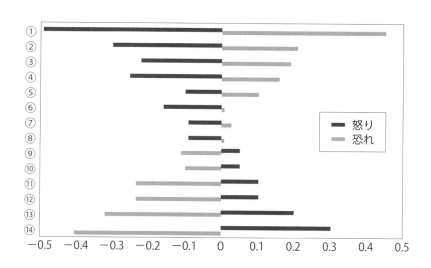

① 呼吸運動の増加　⑧ 心拍出量の増大
② 皮膚コンダクタンスの増大　⑨ 心拍出量の減少
③ 筋緊張のピーク　⑩ 顔皮膚温度の低下
④ 心拍数の増加　⑪ 拡張期血圧の上昇
⑤ 顔皮膚温度の増加　⑫ 筋緊張の増大
⑥ 収縮期血圧の上昇　⑬ 心拍数の減少
⑦ 腕の温度の低下　⑭ GRS 反応数の増加

図 3-2　感情性自律反応の違い

Ax (1953), 濱・鈴木・濱 (2001) を一部改変

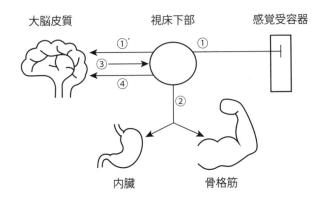

図 3-3　中枢起源説

Cannon (1931) を一部改変

（3）認知的評価説

　ジェームズ=ラング説もキャノン=バード説もいずれも感情喚起に先立ち、末梢反応が見られるという立場であった。これらの説では、喚起される感情がなぜ異なるのかについては説明できない。刺激によって喚起された感情がなぜ異なるのかを説明するのは、**認知的評価説**である。認知的評価説では、状況をどう評価するのかによって喚起される感情が異なると考える。アーノルドらによると、感情とはその人にとって適当であると判断された対象、あるいは不適当と判断された対象に対して感じられた傾向（感情）である(1954)。

　この傾向は、感情の種類に応じて生ずる特定の身体的変化によって強化される。たとえば、自分の目の前の机に虫が止まったとする。虫が嫌いで「気持ち悪い、こっちに来たらどうしよう」と考える（評価）と、その後不快な感情が喚起され、それに見合った身体的な反応が生じるだろう。しかし虫好きな人であれば「こんな珍しい虫を見ることができるなんてラッキーだ」と考える（評価）かもしれない。そうするとうれしいという感情が喚起され、それに見合った身体反応が生じることになる。

（4）感情二要因説

　シャクターとシンガー(1962)によって行われた実験も有名である。彼らは、実験参加者を 2 つのグループに分け、片方のグループにはエピネフリンを注射した。そして注射した実験参加者のうちの半数には、「注射した薬物により、心拍数が上昇したり、汗をかいたりする」と正しい情報が伝えられた。残りの半数には、注射した薬物はビタミン剤であると偽りの情報が伝えられた。

　注射の後に、実験参加者はそれぞれさらに小さなグループに分けられて、「楽しい部屋」と「怒りの部屋」のそれぞれで待機することが求められた。楽しい部屋では、サクラ（実験協力者）がごみ箱に紙くずを投げ入れて遊んでいたり、紙飛行機を飛ばしたりフラフープで遊んだりしていて、一緒に遊ぶように実験参加者を誘った。怒りの部屋では、実験者から「あなたのお父さんの年収はいくらか」などのように非常に失礼な内容の質問紙に回答するように求められた。さらにこの部屋のサクラは非常にいらだった様子で質問紙を破り捨てて部屋を出て行ってしまった。

　これらの実験の結果、薬物を注射された実験参加者で、かつ、その薬効について正しい説明を受けていた人は、楽しい部屋でも怒りの部屋でもともに明らかな感情反応は示さなかった。それに対して、ビタミン剤を注射したと偽りの報告を受けていた実験参加者は、楽しい場面ではサクラと一緒に遊び、怒りの場面ではサクラと一緒に怒りを表出した。つまり、自分の中に生じた生理的反応を外部の環境に合わせて評価したのだ。この結果から、シャクターとシンガーは、感情の喚起には生理的覚醒とその評価の 2 つの側面が必要であると結論づけている。

　以上、感情喚起のプロセスについての 4 つの理論を説明してきたが、それぞれの理論は評価や末梢反応が感情に先立つのかどうかにより多少異なっている。これまでの研究から、感情は末梢反応と評価の 2 つの側面を持つことが指摘されているが、特に評価のプロセスなくして感情は喚起されないと考えられる。音楽を聴いて「素晴らしい」（評価）と思い、感情が喚起されるように、評価のプロセスが重視されている。しかし、エクマンとフリーセン(1978)によれば、表情を動かすことによって感情の変化が生じるようだ。つまり、末

梢反応が感情を喚起するというのだ。

　ストラックら(1988)の実験では、被験者にペンをくわえさせることで、笑顔が抑制される条件と笑顔が促進される条件を作り出し(図3-4)、それぞれの条件下で複数の漫画の面白さを被験者に評定させた。その結果、笑顔促進条件の被験者のほうが、笑顔抑制条件の被験者よりも漫画を面白いと評価したことを明らかにしている。他にも同様の手続きによって、人工的に作り出した表情が感情に与える影響が調べられているが、多くの研究で、人工的に作り出された表情が感情に影響を与えることが報告されている。

　感情喚起プロセスについての研究は未だ発展途上にあり、評価によって感情が喚起されるのか、それとも末梢反応の方が重要であるのかなど、一致した見解は見出されていないのが現状である。

 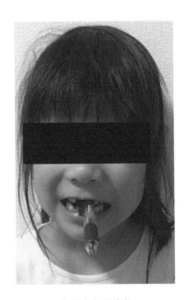

a) 笑顔抑制条件　　　　　　　　　b) 笑顔促進条件

図 3-4　ペンホールディング法の例

3.3 感情と脳機能

　これまでの感情喚起理論からは、状況の評価によって感情が生じることが指摘されている。しかし、不快な表情をした人物の写真を閾下提示し、その後に同じ人物の中性表情（真顔）を見せた場合に、閾下提示した不快表情の影響が見られることが報告されている。閾下提示というのは、何が見えたのか認識できないくらい短時間だけ刺激を提示することである。

　実験では、怒り表情を短時間(35 ミリ秒)提示した直後に、同一人物の中性表情を提示した(500 ミリ秒)。実験参加者は、先に提示された怒り表情には気づかず、中性表情のみ提示されたように知覚する。しかし、中性表情のみを提示した場合よりも、中性表情に先立ちごく短時間怒り表情を提示した場合の方が、脳内の扁桃体の活動が活性化されたのだ(Nomura *et al.*, 2004)。

　扁桃体は、側頭葉内側部に位置する感情や感情に関わる記憶を司る部位である。動物が生きるうえで、快や不快などの感情を手掛かりに、安全なのかそれとも危険なのかを判断することに関わる大変重要な部位とされる。つまり実験から、実験参加者は怒り表情が短時間提示されたことには気づいていないものの、表情が自分にとって危険を知らせる手がかりとなる「怒り表情」であったことを扁桃体はしっかりと検出していたことがわかる。

　扁桃体が私たちの対人認知に関与していることは別の研究でも明らかになっている。知らない他者のネガティブ表情の写真とポジティブ表情の写真を見せて、「親しみやすさ」や「信用できるか」について尋ねた研究では、健常者はネガティブ表情の写真の人物を「親しみにくい」「信用できない」と判断したのに対して、扁桃体損傷患者はネガティブ表情の写真の人物に対して「親しみやすい」「信用できる」と判断したことが報告されている(Adolphs *et al.*, 1998)。この実験からわかるように、扁桃体は対人理解のための判断を行っており、自分にとって危険であるという手掛かりとなる表情をした人物を見たときには、活性化して私たちに警戒を促すのだ。

3.4 感情と記憶

　記憶に感情が影響を与えることはいくつかの研究で確かめられている。た
とえば、気分と記憶との関係について調べた研究では、気分一致効果や気分
状態依存効果が見出されている。

　気分一致効果とは、普段はあまり思い出さないのに、自分がミスをして落
ち込んでいるときに限って、過去の失敗した出来事を次々と思い出すように、
記銘時や想起時の気分と一致した出来事の材料の方が、そのときの気分の種
類に一致しない記憶よりも想起されやすいという現象を指す。楽しい気分の
ときにはポジティブな感情価を持つ記憶が想起されやすく、落ち込んでいた
り、悲しいときにはネガティブな感情価を持つ記憶の方が想起されやすいこ
とが、バウアーら(1981)の実験で明らかにされている。

　実験では、実験参加者をポジティブ気分またはネガティブ気分に誘導した
後に、2人の人物が登場する物語を読ませた。物語には、楽しい出来事（恋人
との恋愛など）や悲しい出来事（失恋など）が書かれていた。翌日、同じ実験
参加者に物語を再生してもらい、実験参加者が物語のどんな出来事を想起し
たかを調べた。その結果、ポジティブ気分に誘導された実験参加者は、悲しい
出来事よりも、楽しい出来事を思い出すことが多く、ネガティブ気分に誘導
された実験参加者は、ポジティブな出来事よりも、ネガティブな出来事を多
く思い出したのだ(図 3-5)。

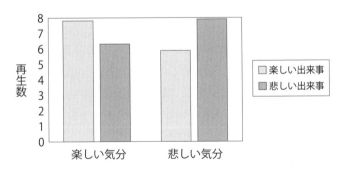

図 3-5　楽しい気分と悲しい気分における出来事の再生数

Bower, Gilligan & Monteiro., (1981), 鈴木 (2007) を一部改変

　気分一致効果と類似するのが気分状態依存効果である。アイクら(1994)は実験参加者をポジティブ気分またはネガティブ気分に誘導した後に、いくつかの単語（たとえば「学校」など）を提示し、それぞれの単語から想起されるエピソードを報告してもらう実験を行っている。そして数日後に同じ実験参加者を再びポジティブ気分あるいはネガティブ気分に誘導し、前回想起されたエピソードを報告してもらった。その結果、最初に誘導されたときと同じ気分に誘導された実験参加者の方が、最初とは異なる気分に誘導された実験参加者よりも、より多くのエピソードを報告したことが明らかとなっている。このように気分一致効果や気分状態依存効果は、ある特定の感情状態で記銘させると、感情と記銘された情報との間に連合が形成され、再び同じ気分状態の下で想起を求められると感情が活性化されるため、それに連合している記憶も活性化されて想起されやすくなると説明されている。

　日々の生活の中で、気分が弾む日もあれば、落ち込む日もあるが、気分が落ち込む日はできるだけ昔のことを思い出さないようにするほうが賢明かもしれない。

第4章

記　憶

　あなたの持つ一番古い記憶は何だろうか。幼少時のことは断片的にでも覚えていると思うが、母親のおなかの中にいたときの記憶や、生まれたときの記憶を持つ人が存在することをあなたは信じるだろうか。

　　「二歳のぼうやがバスタブの中で遊んでいる。突然、自分の生まれたと
　　きについては、わからないことがたくさんある、と言い出す。ぼくが出て
　　きたとき、どうしてあんなに明るかったの？　どうしてあの明かりは円く
　　てあんなにまぶしかったんだろう？　ほかの場所はぼんやりしてたのに
　　…。（中略）眼に変なお水を入れられて、いやだったなあ、ぜんぜん見え
　　なくなっちゃったよ。それにプラスティックの箱に入れられて、どっか
　　に連れていかれちゃって、ほんとうにいやだったなぁ…。」

　　　　　　　　　　　　　　　　　　（Chamberlain 1988, 片山訳 1991）

　ここまでの古い記憶はなくても、まったく忘れていたと思っていたのに、小さい頃の写真を見た瞬間に、写真に写っている公園の遊具を思い出したり、写真に写っている自分が着ている服について思い出したり、と忘れていたはずの記憶がよみがえることがある。私たちはどのようなプロセスで記憶し、そしてそれをどのようにしまい込んでいるのだろうか。この章では記憶のメカニズムについて説明する。

4.1 記憶システム

（1）記憶プロセス

　記憶は 3 つの段階からなるプロセスと考えられる。それは、①物事を記憶する**記銘**の段階、②記銘されたものを記憶にとどめておく**保持**の段階、③そして記憶されていたものを思い出す**想起**の段階、である。また、想起の手法としては、記銘したものを再現する再生と、記銘したものをそれと確認する再認、記銘したことをその要素を組み合わせて再現する再構成がある。

（2）記憶の種類

　記憶といっても、さまざまな種類がある。ここでは、アトキンソン(1929〜2003)とシフリンによって体制化された多重貯蔵モデル(1968)に沿って説明する。図 4-1 に示すように、外界の情報は感覚登録器に入力される。この感覚登録器の容量は無制限であるものの、各記憶情報は刺激が無くなれば 1 秒以内に消失していく。そしてこの感覚情報の中から必要なものは短期記憶の貯蔵庫に入る。

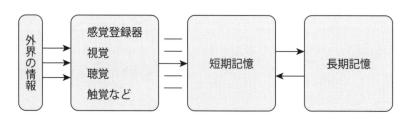

図 4-1　多重貯蔵モデル

　短期記憶の貯蔵庫は、記憶情報の一次的な貯蔵庫である。たとえば、口頭で電話番号を聞いたとき、その瞬間には電話番号を覚えているが、数分するとすぐに忘れてしまう。このように短期記憶は保持される時間が短い記憶であり、能動的に情報にアクセスしないとすぐに記憶は消失してしまう。しかし、自分の家の電話番号はどうだろうか。思い出せないという人はいないだろう。

これは、必要な情報は短期記憶の貯蔵庫から長期記憶の貯蔵庫に移されるためである。このように、必要な情報は感覚登録器から短期記憶の貯蔵庫、長期記憶の貯蔵庫に送られて保持される。

4.2 短期記憶とワーキングメモリ

　短期記憶の記憶容量は小さく、一般に5〜9個の文字や数字しか一度に記銘できないといわれる。これはミラー(1909〜2012)の1956年での実験によって確認されている。1秒ごとに提示される数字を記銘させた実験では、少なければ5個、多くても9個の数字しか記銘できなかったことが報告されている。

　しかしよく考えると、私たちの電話番号はたいてい10〜11桁の数字であり9桁を超えている。ではなぜ、私たちは電話番号を覚えていられるのだろうか。ヒントは、電話番号の表記方法にある。電話番号の表記は通常「○○○−○○○○−○○○○」のように途中にハイフンを入れて表記されているが、実際に電話をかけるときにはハイフンは不要である。これは、途中にハイフンを入れることにより、3〜4桁の数字のまとまりを作り、一度に記憶する容量を減らすことでスムーズに記憶できるようにした工夫なのである。

　このような人の情報処理過程における心理的なまとまりのことを**チャンク**とよぶ。私たちは、記憶容量を超える情報はチャンクに分けて記憶しているのだ。

　チャンクだけではない。他にも短期記憶を消失させない方法を私たちはよく用いている。電話をかけようと電話帳を見た後に、忘れないように電話番号を復唱する人は多いのではないだろうか。これは短期記憶を消失させないための方法であり、**リハーサル**とよばれる。リハーサルには短期記憶を保持する機能と、長期記憶に情報を転送する機能の2つが考えられる。リハーサルの中でも単純に復唱する方法は維持リハーサルとよばれ、情報に意味やイメージなどを与える方法は精緻化リハーサルとよばれる。年号を覚えるための語呂合わせなどは精緻化リハーサルに含まれる。

　バッデリーは、1998年に短期記憶の能動的な側面に注目し、アトキンソンとシフリンの多重貯蔵モデルにおける短期記憶の捉え方を批判した。多重貯

蔵モデルでは、短期記憶は単に情報の貯蔵庫として扱われるが、バッデリーは短期記憶が推論や学習、理解のために重要な役割を果たしていることに注目し、短期記憶のこの側面を**ワーキングメモリ**とよんだ。日本語では作業記憶や作動記憶とよばれる。

　たとえば、私たちは普段作業をする際に、情報の保持とその処理とを同時に行っている。文章を読むときには、読むという作業をしながらも文章に出てくる難解な漢字の読み方を想起したりする。計算においても、暗算で「139＋583」をする場合には、1 の位の足し算の結果を記憶しながら 10 の位の足し算をしている。このように考えると、私たちは何をするにも、一次的に情報を記憶したり、想起したりしながら作業を進めているといえる。ワーキングメモリは、情報処理、保持、再取得を担っていると考えられる。

4.3　長期記憶

　短期記憶よりもさらに長い時間にわたって記銘される情報が**長期記憶**である。長期記憶に記銘された情報は、必要に応じて取り出されるが、これを**検索**とよぶ。久しぶりに同級生に会ったときに、ここ最近は同級生のことなど思い出したこともなかったのに、一気に記憶がよみがえった場合を例にあげると、同級生に会って、同級生を手掛かりに関連する記憶が検索され、想起されたと考えられる。しかし、すべての記憶を思い出せるわけではなく、同級生が覚えていた事柄についてどうしても思い出せない場合もある。このように、記憶したはずの事柄が想起できないことを**忘却**とよぶ。

　エビングハウス(1850〜1909)は、自分自身を被験者として忘却に関する実験(1885)を行っている。彼は、実験のために用意された無意味なつづりを全部暗唱できるまで繰り返し学習し、一定時間経過後に再学習した。再学習の際には、最初の学習に比べて習得までの時間が短縮されることが予想されるが、この再学習完了までにかかる時間がどれくらい短縮されるかという節約率(最初の学習に要した時間を A、再学習に要した時間を B とした場合には、100×(A-B)/A) を時間経過に従って表したものが図 4-2 である。この図は忘却曲線または保持曲線とよばれる。エビングハウスの実験から、一度記銘したこと

も、時間の経過とともに忘却されることがわかる。

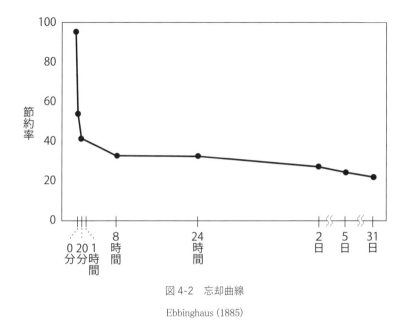

図 4-2 忘却曲線

Ebbinghaus (1885)

　忘却が生じる要因については、長期記憶の場合は、先に覚えたものと後に覚えたものとが互いに干渉し合うことが考えられるが、これを干渉説とよぶ。たとえば、東北地方の名産品を学習した後に、北陸地方の名産品を学習した場合を考えてみよう。

　先に学習した東北地方の名産品は思い出せるのに、北陸地方の名産品を思い出せないというように、先に学習したものが後に学習したものに干渉することを順向干渉とよぶ。反対に、後に学習した北陸地方の名産品は思い出せるのに、先に学習した東北地方の名産品は思い出せないように、後に学習したものが先に学習したものに干渉する場合を逆向干渉とよぶ。干渉は学習内容の類似度によって影響を受ける。

　この他の忘却の要因には、検索失敗説や抑圧説がある。検索失敗説は、保持されている記憶が検索できずに想起されないことを指す。テスト勉強で覚えたはずの単語をテスト中にどうしても思い出せず、テストが終わってから思

い出したという場合は、検索失敗説で説明できる。抑圧説は精神分析理論を提唱したフロイトによるものであり、自我を脅かす経験は無意識に抑圧され、その記憶にはアクセスできなくなるという説である。

　このようなさまざまな要因がときに同時に働き、私たちの記憶を忘却させていると考えられる。

　長期記憶はいくつかの種類に分類される。個人的な経験の記憶はエピソード記憶とよばれる。また、日本の首都は「東京」であるが、このような知識の記憶は意味記憶とよばれる。これらはともに言語表現が可能であることから、宣言的記憶あるいは顕在記憶とよばれる(図 4-3)。

　この他には、技能の記憶やプライミング記憶、非連合学習などがある。技能の記憶は、自転車に乗る、箸を使うなど身体が覚えている記憶である。プライミングとは、先行刺激が後続刺激の処理に影響を与えることであり、非連合学習とは、何度も刺激に曝されることにより、その刺激に対して反応しにくくなったり、反対に過敏に反応するようになることを指す。これらの記憶は、手続き的記憶、あるいは意識的想起を伴わないために潜在記憶とよばれる。

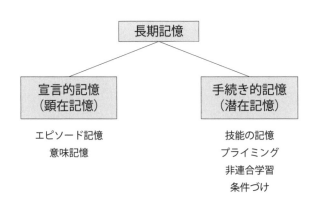

図 4-3　長期記憶の分類

4.4 記憶の変容

　保持された記憶は想起されるまで正確に保たれるのだろうか。実は記憶は、記銘から想起までの過程で変容することがわかっている。記銘段階、保持段階、想起段階のそれぞれにおける記憶の変容に関わる要因を説明しよう。

（1）記銘段階

　図 4-4 に示したのは、カーマイケル(1898〜1973)らの実験(1932)で用いられた図形である。彼らの実験では、図形を記銘する段階での言語ラベルによって想起される図形が変化することが明らかになっている。被験者は言語ラベルに沿って図形をゆがめて再生していることがわかるだろう。

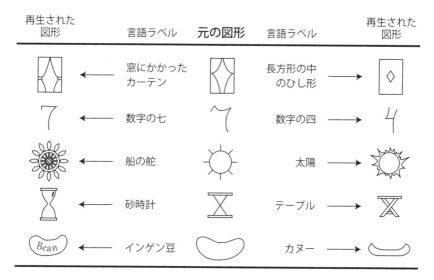

図4-4　ラベルの効果

Carmichel *et al.*, (1932) を一部改変

（2）保持・想起段階

　情報は正確に入力されたとしても、その後検索されるまでの間に記憶情報が歪む可能性もある。ロフタス(1944〜)とパーマーは、実験(1974)の中で 2 台

の自動車による交通事故の映像を被験者に見せた。そして片方の被験者グループAには、「自動車が激突したとき、どれくらいの速度で走っていましたか」と質問をした。もう片方のグループBには「自動車がぶつかったとき、どれくらいの速度で走っていましたか」と質問をした。この結果、グループAの回答は、平均時速66kmであったが、グループBの回答は平均時速55kmであり、質問文に「ぶつかった」を用いた場合よりも、「激突した」を用いたグループの方が速度を速く推定したことがわかる。これは、一般的に「ぶつかった」よりも、「激突した」の方が衝撃が強いことを意味する表現であることから、被験者が車の速度も速いだろうと推測したことが影響したのだと考えられる。この実験から、検索手掛かり情報が想起される情報に大きな影響を及ぼすことがわかる。

　ロフタスたちは、さらにこの実験の1週間後、同じ被験者に対して「（自動車の）ガラスが割れるのを見ましたか」と質問した。実際の映像にはガラスが割れる様子は写っていなかったにも関わらず、グループAの被験者の32%が「はい」と回答し、グループBでも14%が「はい」と回答した。この結果から、記憶情報は記銘後から想起されるまでの間に変容しやすいということがわかる。そして、保持されている間に新しい情報や知識が加わると、さらに保持されている情報は変容しやすくなることが指摘できる。

（3）偽りの記憶

　これまで、私たちの記憶は案外変容しやすいことを示してきたが、まったく体験していないのにも関わらず、体験したという偽りの記憶を作り出すことはできるだろうか。

　発達心理学者のピアジェ(1896〜1980)の偽りの記憶に関するエピソードは有名である。ピアジェが1歳頃、乳母が自分を誘拐しようとする男と闘って傷を負った事件があった。彼は事件をはっきりと覚えていたのにも関わらず、後日、実際には乳母の作り話であったことが判明したというエピソードである。このように、私たちが持つ記憶は、実際には「なかった」出来事を「あった」こととして誤って記銘してしまったものであるかもしれないのだ。

　実験を用いて、これを明らかにしたのはロフタスである。両親の許可を取

り14歳のクリスという男の子に行った実験を紹介しよう。

　実際にクリスが子どもの頃に体験した3つの出来事に加えて、ショッピングモールで迷子になったという偽りの出来事をそれぞれ文章でクリスに提示し、これら4つについて思い出したことを毎日日記に書くように指示した。クリスに提示された偽りの記憶は次のようなものであった。

　　「1981年か1982年、クリスは5歳だった。みんなでスポーカンにあるユニバーシティ・シティ・ショッピングセンターに出かけた。クリスがいなくなってみんながパニックになっていた頃、クリスが背の高いおじいさんに手を引かれてやって来た(彼はフランネルのシャツを着ていたように思う)。クリスは泣きながら、おじいさんの手を握りしめていた。この男性は、数分前、クリスが泣きはらした目で歩き回っているのを見つけ、親探しを手伝ってあげようとしていたところだ、と言った。」

(Loftas & Ketcham 1994, 仲訳 2000)

そして、それについてクリスは思い出したことを毎日日記に書いた。

「1日目：そのおじいさんについて少し思い出した。『やった、親切な人だ！』と思ったのを覚えている。
　2日目：その日、ぼくは本当に怖くて、もう家族には会えないかもしれないと思った。困ったことになったと思った。
　3日目：母がもう二度と迷子になんかなっちゃだめよと言ったのを思い出した。
　4日目：おじいさんのフランネルのシャツを思い出した。
　5日目：店のことをぼんやりと思い出した。」

　クリスが思い出したのはこれだけにとどまらず、おじいさんと交わした会話までも思い出している。そして実験者との面談の中で、次のように語っている。

「家族とほんのしばらく一緒にいた後、ぼくはおもちゃ屋、ケイ・ビー・トーイズを見に行って、それから、う〜んと、迷子になったんだと思う。それで皆を探し回って、『ああ、困ったことになった』と思ったんだ。それから僕、……僕はもう家族には会えないかもしれないと思った。本当に怖かった。そんなことしてたら、おじいさんが近づいてきたんだ。青いフランネルのシャツを着ていたと思う。……すごい年寄りという感じじゃなかったんだけど。頭のてっぺんがすこし禿げていて……灰色の毛が輪のようになっているんだ。……それに、眼鏡をかけていた。」

　しかも驚くべきことに、これらの記憶が偽りだと告げられるとクリスは信じられないと言い、本当にあったことなのだ、自分は実際に体験したのを覚えていると主張したのだ。
　では、どうして私たちは偽りの記憶を作り出すことができるのだろうか。もともと記憶情報が、記銘、保持、想起の過程の中で、新しい情報や事前に持っていた知識の影響を受けて変容しやすい、ということは前述のとおりである。実験では「ショッピングモールで迷子になった」という自分に起きてもおかしくない出来事であるという認識や、教示によってイメージを膨らませることにより、より詳細な偽りの記憶が作り出されたと考えられる。
　以上、記憶の変容に関する研究を紹介してきたが、みなさんは私たちの記憶は自分で思っているよりも不正確であると感じたのではないだろうか。記憶は決して映像や音声を脳に録画するようなものではなく、多くの場合は、想起の段階で検索されうる記憶情報や入手されうるさまざまな外界の情報、知識などを含めて再構成している過程だと考えられる。また、誰とどんな状況で想起するのかという想起の状況によっても左右されるような不完全なものであるのだ。

第 **5** 章

学 習

　学習と勉強とを同じ意味で使用している人も多いかもしれない。しかし心理学において「学習」とは勉強のみを指すわけではない。たとえば、自分の飼い犬に「お座り」を覚えさせるときに、何度も繰り返し教えてようやく犬が「お座り」をするようになる。これは「お座り」という新しい行動を犬が獲得したのであり、学習である。このように人間のみならず動物においてもさまざまな行動を獲得する過程のことを**学習**とよぶ。この章では学習について学ぶ。

5.1　学習とは

　心理学における学習の捉え方については、連合理論が中心であった時代と、その後の認知理論が中心となる時代では異なる。連合理論とは、行動主義的な学習観に立つ理論であり、学習を強化練習の結果として生じる比較的永続的な行動ポテンシャリティーの変化と捉える。行動主義では、心理学の研究対象は客観的に観察可能な行動に限るべきであるとされていたために、この場合の学習とは、訓練や練習によってある行動が獲得されたり、変容したりすることを指す。一方で、認知理論では、客観的に観察可能な行動の変容や獲得はそこまで重視されていない。認知理論で重視されるのは、学習者自身の目的、期待、予測など、必ずしも外から客観的に観察される行動ではないような学習の内的過程である。

　このような学習をめぐる捉え方の違いによって、連合理論から外的動機づ

けという、学習は強化によってコントロールすることができるとする学習観
が生まれ、認知理論からは、学習には興味や疑問などの内発的動機づけが重
要であるという学習観が生まれることになった。

5.2　連合理論に基づく学習

（1）古典的条件づけ

　1904 年にノーベル生理学賞を受賞したパブロフ(1849〜1936)は、犬を用い
た消化腺に関する実験において条件反射を見出した人物である。その当時の
生理学の実験では、研究対象とする内部器官を外科的な処置によって体外に
露出させて実験を行うことが多く、同一の個体を継続的に実験に用いること
は少なかった。しかしパブロフは、被験体の動物に外科的手術を施したのち
に十分回復させてから同一個体を用いて継続的に実験を行っていた(図 5-1)。

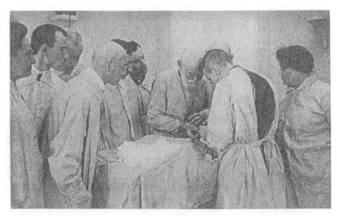

図 5-1　動物実験のために手術を行うパブロフ

Pavlov (1928), 今田・中島 (2003)

　もちろん継続的に実験に用いるためには、被験体の動物を飼育する必要が
ある。そのような中で、パブロフは被験体として飼育されている犬が、給餌係
の足音を聞いたり餌皿を見るだけでよだれを垂らすことを疑問に思う。そも

47

そも唾液の分泌と視聴覚的な知覚との間には関係性はない。そこでパブロフ
は、このような唾液の分泌を**心理的分泌**とよび、足音や餌皿が刺激となり、唾
液分泌という反応を引き起こしたのではないかと考えた。これを確かめるた
めに、メトロノームの音を提示した直後に肉粉を吹き付ける図 5-2 のような
装置を使って、メトロノームなどの刺激を与えたときの犬の唾液分泌を調べ
て記録した。そして、最初はメトロノームの音を聞いても唾液を分泌しなか
った犬も、繰り返しメトロノームの音に続いて肉粉を提示されるうちに、メ
トロノームの音を聞くだけで唾液を分泌するようになることを確かめたのだ。

図5-2　パブロフの古典的条件づけの実験

Pavlov (1928), 今田・中島 (2003)

　パブロフは、普通の唾液分泌は刺激の入力から反応までの経路が生得的で
あり、無条件に生じるという意味で無条件反応(unconditioned response, UR)と
よび、それに対して、無条件反応を生じさせる刺激という意味で肉粉を無条
件刺激(unconditioned stimulus, US)とよんだ。メトロノームを条件刺激
(conditioned stimulus, CS)とよび、そしてメトロノームの音によって誘発される
唾液分泌を条件反応(conditioned response, CR)とよんだ。もともと中性的な刺
激であった条件刺激が無条件刺激と対提示されることにより、条件反応を誘
発する現象のことを**古典的条件づけ**またはレスポンデント条件づけとよぶ。
　古典的条件づけでは、条件刺激と無条件刺激を時間的に接近させて提示す

るほど条件反応は生じやすくなる。この手続きは強化とよばれる。条件刺激
を無条件刺激に先行して提示し、両刺激の間隔が 0.5 秒程度であると条件づ
けが生じやすいといわれている。

　古典的条件づけの手続きにより、情動反応を学習させたワトソンの実験
(1930)を紹介しよう。生後 11 か月のアルバート君を対象に、白ネズミに対す
る恐怖を条件づけた有名な実験である。まず実験ではアルバート君にネズミ
を見せた。すると、彼は臆することなく白ネズミを触ろうと手を伸ばした。数
週間これを続けすっかりアルバート君が白ネズミに慣れた頃に、アルバート
君が手を伸ばしてネズミに触った瞬間に、彼の後ろで棒を使って大きな音を
出した。すると、彼はびっくりして激しく飛び上がり、前に倒れてマットに頭
をぶつけた。しばらくして再びアルバート君が手を伸ばして白ネズミに触ろ
うとしたときに、先ほどと同じように棒を使って大きな音を出した。する
と、今度は泣き出し、そのうち白ネズミを見ただけで泣いたり白ネズミを避
けるようになった。

　この実験の場合、大きな音は無条件刺激、白ネズミは条件刺激であり、条件
刺激と無条件刺激の対提示により、恐怖（たとえば、泣く）という条件反応が
生じている。実験の手続きをさらに繰り返すと、アルバート君は白ネズミだ
けではなく、白うさぎやひげのように白くて毛があるものに対しても恐怖反
応を示すようになった(図 5-3)。このように、白ネズミに対する条件反応が白
うさぎやひげなどの類似した特徴を持つ刺激に対しても示されるようになる
ことを汎化（または般化）とよぶ。

（2）オペラント条件づけ

　オペラント条件づけの研究は、ソーンダイク(1874〜1949)による研究に始ま
ったといわれる。ソーンダイクは、ネコや犬などのさまざまな動物の知能に
関する研究を行う中で、箱の中の輪を引っ張ることによってしか中から外に
出ることができない**問題箱**とよばれる仕掛け箱を作製した。空腹なまま問題
箱に入れられた動物は箱の外に置かれた餌をとるためにいろいろな行動を試
みるが、たまたま輪に身体が引っかかって問題箱から出て餌を食べることが
できることがある。これを何度も繰り返すうちに、箱から出るために不必要

な行動の生起頻度は減少し、箱から出るために必要な行動(輪を引っ張る)の生起頻度が増えるようになった。

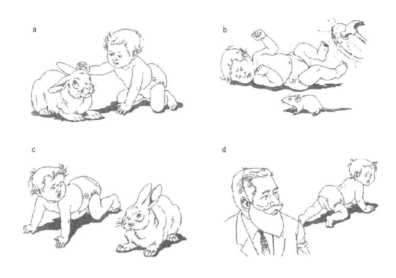

図5-3　ワトソンによる恐怖条件づけ

Watson & Rayner (1920),　高野・新井 (1991)

　同じように、スキナー(1904〜1990)は図 5-4 のような装置(**スキナーボックス**)を用いて実験を行った。スキナーボックスでは、バーを押すとその下から餌が出てくる仕組みになっている。空腹なネズミをスキナーボックスに入れると、最初は立ち上がったり、箱の隅でウロウロしたりしているが、そのうち偶然にも身体がバーを押して餌をとることができる。これを何度も繰り返すうちに、ソーンダイクの実験と同じように、バー押し行動の生起頻度が増え、それ以外の行動の生起頻度は減る。この現象のことを、スキナーは**オペラント条件づけ**とよんだ。

　オペラントには"操作"や"自発的"という意味が含まれており、オペラント条件づけとは、欲求や動因を低減あるいは解消させるために必要な操作や手段となる反応の学習を指す。オペラント条件づけでは、ある事態で生起した行動の結果が良ければそれ以降も同じ行動の生起頻度は増加し、結果が悪

ければ同じ行動の生起頻度は減る。また、学習させたい行動の自発的生起に
対して報酬を与え、行動の生起を促すことを強化とよぶ。生起させたい行動 A
が生じたときには毎回報酬を与えることを全強化とよび、行動 A が生じたと
きに毎回ではないがたまに報酬を与えることを部分強化とよぶ。行動を増加
させる報酬は正の強化子とよばれ、罰など行動を減少させるものは負の強化
子とよばれる。

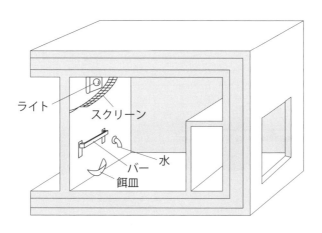

図 5-4　スキナーボックス

Skinner (1938), 高野・新井 (1991)

　このような負の強化子を用いた実験で、学習性無力感理論とよばれる有名
な実験を紹介しよう。これは、セリグマン(1942〜)とメイヤー(1900〜1977)に
よって行われた、逃避・回避条件づけの実験(1967)である。彼らは図 5-5 に示
す装置を用いて犬を被験体として実験を行った。
　実験は 2 段階で構成されており、第 1 段階の実験では、装置につながれた
犬に電気ショックが与えられる。ただし、ショック逃避可能群の犬が頭を動
かすと電気ショックは切れるようになっている。一方でショック逃避不可能
群の犬は、電気ショックが流れている間はどのような反応を示しても電気シ
ョックは切れないようになっている。犬はこの装置に 24 時間繋がれた後に、
第 2 段階の実験のために別の装置に移された。この装置は床に電気ショック

が流れるようになっているが、その床から隣の部屋に逃げればショックは回避できる。第2段階の実験の結果、第1段階の実験でショック逃避可能群であった犬は、床に電気ショックが流れるとすぐに隣室に逃げ込み、電気ショックを回避することができた。しかし、ショック逃避不可能群であった犬は、実際には逃げられるにも関わらず、そのまま床に立ち電気ショックを受け続けた。

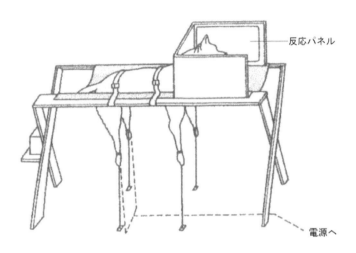

図5-5　学習性無力感理論の実験装置

Maier *et al.*,(1969)

セリグマンらはこの実験から、ショック逃避不可能群の犬は、第1段階の実験において電気ショックから逃げることができないことを学習した結果、第2段階の実験で電気ショックを回避しなかったのだと説明している。

以上のように、連合理論における学習として、古典的条件づけとオペラント条件づけを説明したが、実際の学習場面ではどちらか一方の条件づけで学習が行われているわけではなく、両方ともに用いられていることが多い。また、人間の学習の場合には、古典的条件づけやオペラント条件づけのように直接自分自身が行動を生起させなくても、他者の行動を観察するだけで学習が成立する場合もある。このように、他者の行動を観察することにより学習

が成立することを**観察学習**とよぶ。

（3）観察学習

　私たちは日常生活を送る中で、必ずしも条件刺激と無条件刺激を対提示されなくとも、また、ある行動の後に特別な強化子が提示されなくとも、行動をいともたやすく獲得できることを知っている。

　たとえば、大学に入って初めて授業中にレポートを書くことになった場合を考えてほしい。あなたは周りの友人たちよりも早く書き終えたが、このまま席を立って提出してよいのか、それとも教員から回収の声がかかるまで待った方がよいのか迷っていたとする。このような状況で、あなたはどのように行動するだろうか？　多くの人が、他の人はどうするのかと周りを見回すのではないだろうか？　そして、ある1人の学生が席を立ち、書き終えたレポート用紙を直接教員に提出したのを見た後には、同様に自分も書き終えたレポート用紙を提出しようと席を立つだろう。このように、人間の日常生活の中の学習の多くは観察や模倣である。

　バンデューラらは、人間における観察学習の有効性を一連の研究を通して明らかにしている(1961)。彼が行った研究の1つを紹介しよう。被験者は学齢期に達していない子どもたちである。子どもたちを大人と同じ部屋で遊ばせ、その後に大人が行っていた行動を子どもたちが学習したかどうか別の部屋で観察した。実験の結果、部屋でおもちゃのビニール人形に対して殴る、蹴るなどの攻撃行動を行っている大人と同じ部屋で過ごした子どもたちは、大人が静かに遊んでいる部屋で過ごした子どもたちよりも、別の部屋に移動した後に、大人が行っていた攻撃行動とよく似た行動を示した(図 5-6)。子どもたちは大人の振る舞いを観察することで攻撃行動を学習したと考えられる。

　バンデューラの一連の観察学習の研究から、観察対象としてのモデルの地位が被験者に比べて高く(子どもの被験者に対して大人のモデル)、また、モデルと被験者が似ているほど模倣されやすいことがわかっている。特に攻撃的な行動は模倣されやすく、モデルが報酬を受けると行動はさらに模倣されやすくなるようだ。

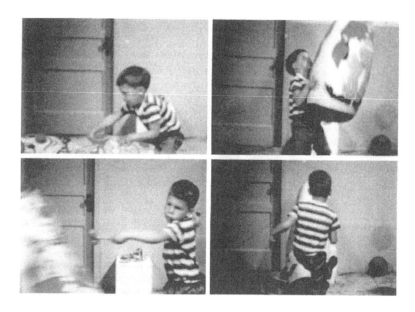

図 5-6　バンデューラの模倣学習

Bandura *et al.*,(1961)

　以上、古典的条件づけ、オペラント条件づけ、観察学習について説明した
が、これらはいずれも学習に報酬や罰などの強化子が与える影響を重視する
立場である。つまり連合理論では、学習のためにご褒美を与えるが、学習しな
ければ罰を与えることによって学習が促進されると考えるのだ。

5.3　認知理論に基づく学習

　連合理論において学習は刺激と反応のような単純な S-R 図式で捉えられて
いたが、認知理論は、学習とは問題場面の全体的構造の理解や洞察のような
学習者の内的過程、つまり認知活動によるものだと考える立場に立つ。

　認知理論による学習に関しては、ケーラー(1887～1967)の洞察学習があげら
れる。図 5-7 を見てほしい。

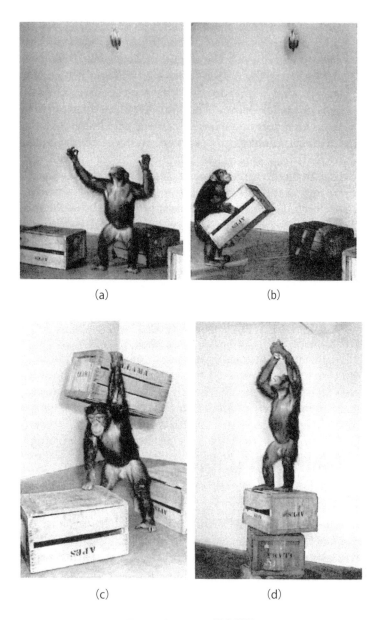

図 5-7　ケーラーの洞察学習

KÖhler (1921)

檻の中の天井から果物が吊り下げられているが、そのままでは届かない。檻の中には箱と棒がある。吊り下げられた果物、箱、棒の関係に気がつけば、どうやって果物を取ればよいのかすぐわかるはずだ。ケーラーがチンパンジーはどのような行動をとるのか観察していると、なんとチンパンジーは天井を見上げた後に迷うこともなく箱を重ねて棒を持ち、吊り下げられている果物を取ることに成功した。それはまるで人間でいう"アハ体験"のように、一気に問題に対する解決法が導かれるかのようであった。ケーラーは、チンパンジーの思考の中で、果物、箱、棒といったそれまでバラバラに存在していた刺激が急に意味を持ち、突然の問題解決に至ったのだと考えた。このようにケーラーは、学習とは場面の知覚の仕方の変化であり、認知の仕方の変化であると捉えていた。

　この流れを汲むのはトールマンである。トールマンは行動主義者ではあったが、従来の行動主義における単純なS-R図式で行動を説明しようとはせず、生活体は行動に先立つ目的や期待、仮説に基づいて行動すると考えた。彼の論文には、行動を観察していると行動は何かしらの目標に方向づけられているように見えるとの記述がある。たとえばネズミでさえ、檻の中をウロウロとするときには、餌を探すなどの何かしらの目的や意図をもって行動しているように見える。しかも、目的を達するためにとる手段(行動)は変動的で柔軟であり、S-R 図式で説明されるような刺激に対する固定的な反応ではない(Tolman, 1923)。

　そこでトールマンは、一連の研究を通じて刺激によって固定的な行動が生じるのではなく、生活体はまず行動に先立ち環境に対する認知地図を構成し、それに即した期待や仮説に基づいて行動すると考えた。つまり、まずその場の全体的な構造を認知し、そこから目的や仮説、期待に沿ってある行動をとるが、それがうまくいかなければ目的や仮説、期待に即した別の行動をとるように行動は認知的な理論に基づいて柔軟に選択されうると考えたのだ。

　このようにケーラーやトールマンに代表されるような考え方は、学習において行動よりも認知の形成に重点を置いたという点で認知理論とよばれる。認知理論では、問題場面の全体的構造を理解することが問題解決につながり、また、学習は目的的な動機づけによって行われるという学習観につながる。

学習の際、学習者の中にある興味関心を高めることで主体的に学習に取り組むと考えられるのだ。

　学習が外発的動機づけ、または内発的動機づけによるというそれぞれの立場は、教育における異なる学習観につながっていく。教育とは、賞や罰によって子どもたちの外発的動機づけを高め、学習活動を促すという学習観と、子ども自らが知りたい、問題を解きたい、できるようになりたいという動機を持つため、これらの内発的動機づけを高め、主体的に学習に取り組むのを支援することという 2 つの学習観が生まれた。あなたはどちらの立場に立つだろうか。

第 **6** 章

動機づけ

「友だちが頑張っている姿を見てモチベーションが上がった」などのように、私たちは「モチベーション」という言葉を日常生活の中で使っている。普段、「モチベーション」という言葉は、意欲ややる気という意味で用いられているが、心理学における「モチベーション」とは「動機づけ」のことである。この章では動機づけについて学ぶ。

6.1 動機づけ

動機づけとは、行動が始まり、方向づけ、推進し、持続させる一連の過程を指す。朝起きたときに空腹を感じ、食事をとる場合を考えると、食事をとる原因は「食べたい」という欲求である。このような人の内部にあり、行動を引き起こす欲求を**動因**あるいは**動機**とよぶ。行動は必ずしも動因のみによって生じるわけではない。

たとえば、空腹ではないのだが、目の前に置かれた菓子についつい手を伸ばして食べてしまうこともある。この場合、目の前の菓子という自分の外の要因によって、食べるという行動が引き起こされている。このように行動を引き起こす外部の要因を**誘因**とよぶ。誘因が強ければ動因が強くなくても行動が引き起こされる。

6.2　動機の種類

（1）ホメオスタシス的動機

　動機の中でも、飢えや渇き、排せつ、呼吸調整、体温調整などの生理的な動機のことを**ホメオスタシス的動機**とよぶ。生活体には生存のために恒常的に保たれなければならない状態があり、ホメオスタシス的動機が恒常性の維持（ホメオスタシス）と関係していると考えられる。たんぱく質が含まれている餌と含まれていない餌をネズミに自由に選択させた実験では、ネズミはたんぱく質が含まれている餌を自ら摂取したことが報告されている(Richter & Hawkes, 1928)。

　このように動物は自分自身に必要なものを自ら選んで摂取することがある。人間を対象とした研究では、デイビスらによるカフェテリア実験が有名である(1928)。実験では、自由にさまざまな栄養物質を含む食品を摂取させるカフェテリア形式で離乳後の幼児の摂食行動が観察された。その結果、子どもたちは長期的に見てバランスの良い食事を自ら選択したことが報告されている。成人を対象とした場合は、食選択は文化や社会、時代の影響を受けやすく、調べることは難しいが、成人も動物と同じようにホメオスタシスに影響を受けた食選択を行う可能性がある。ホメオスタシス的動機は生命の維持に関わることから、先天的に備わっている動機であると考えられる。

（2）社会的動機

　ホメオスタシス的動機によって行動が生起することは、生物学的に考えると当然のことであるように思える。しかし、実際の行動に当てはめて考えると、ホメオスタシス的動機だけでは説明できない行動も存在する。たとえば、食事をとるという行動は「おなかがすいて何か食べたい」といったホメオスタシス的動機によって説明されるが、同じ「おなかがすいて何か食べたい」という動機を持っていても、「食事をとる」という行動が生起しない場合もある。「食べたい」という動機があるにも関わらず、「みんなから、スタイルがよくて素敵だと思われたい」がために摂食行動が生じない場合があるのだ。もちろんこれは飢餓状態のときには生じず、ホメオスタシス的動機がある程度満

たされているときに生じると考えられる。このように、ホメオスタシス的動機が満たされることによって生じる心理・社会的な動機を社会的動機とよぶ。ホメオスタシス的動機は、人間や動物が正常に生きていくために満たさなければならない生得的な動機であり、ホメオスタシス的動機を持たない人間はいない。

　一方、社会的動機は、さまざまな経験を通して身につける後天的動機であり、個人差が大きいと考えられる。マレー(1893〜1988)は心理学者とともに健常者を対象に面接や観察、心理検査を実施してパーソナリティに関する研究を行ったが(1938)、その一連の研究を通して、社会的動機を6つの側面から20以上のカテゴリに分類している。そのうちのいくつかを紹介しよう。

① 達成動機

　マレーによると、達成動機とは「難しいことを成し遂げること、自然物、人間、思想に精通し、それらを処理し、組織化することであり、これをできるだけ速やかにできるだけ独力でやること。障害を克服し、高い標準に達すること。自己を超克すること。他人と競争し、他人をしのぐこと。才能をうまく使って自尊心を高めること。」と定義される(1964)。つまりは、困難を乗り越えて自分の能力を発揮し、目標を達成しようとすることを指す。マレーの研究に影響を受けて、後に多くの研究者により達成動機の研究が進められた。

② 支配動機

　支配動機についてマレーは、「自分の人間的環境を統制すること。示唆、誘惑、説得、命令により他人の行動に影響を与え、方向づけること。思いとどまらせ、禁止すること。」と定義している(1964)。支配動機とは、文字どおり他者を自分の意志に従わせようとする動機を指す。少年たちがキャンプで過ごす様子を観察した研究では、支配動機の強い少年ほど、キャンプ内でよい場所を占有する傾向が報告されている(Sundstrom & Altman, 1974)。支配動機となわばり行動との間には関連が推測されている。

③ 攻撃動機

マレーによると、「力ずくで反対を克服すること。戦うこと。傷害に対して報復すること。他のものを攻撃し、傷つけ、あるいは殺すこと。他のものに力ずくで反対するふりとか、他のものを罰すること。」が攻撃動機とされる(1964)。心理学では、攻撃行動は他者を攻撃する意図がある行為と定義されるため、攻撃動機は攻撃行動と関係があると考えられる。攻撃行動には殴る、蹴るなどの暴力行為だけではなく、悪口を言う、相手に不利になるような行動をとるなどの暴力以外の行為も含まれる。攻撃動機や攻撃行動については、本能によるものであるという考え方や、欲求不満、あるいは学習によるものであるといったさまざまな説がある。

④ 親和動機

親和欲求とは他者に愛情を示し、他者と有効な関係を築きたいという動機である。「自分の味方になる人(自分に似ていたり、自分を好いてくれる人)に近寄り、喜んで協力したり、好意を交換すること。エネルギーの充当された対象の愛情を満足させ、それを勝ち取ること。友と離れず忠実であること。」と定義される(Murray, 1964)。親和動機は不安や恐怖との関連が指摘されている。

実験参加者に「実験中に強い(または弱い)電気ショックを受けてもらう」と伝えて不安や恐怖を喚起させてから、「実験開始までに1人で待つ方がよいか、それとも誰か他の実験参加者と待ちたいか」と質問したところ、「強い電気ショックを受けてもらう」と伝えられた実験参加者は、「弱い電気ショックを受けてもらう」と伝えられた実験参加者よりも、他の実験参加者と一緒に待ちたいと回答した人が多かったことが報告されている(Schachter, 1959)。実験から、不安や恐怖が高まると親和動機も高まることが明らかとなっている。

（3）内発的動機

最近はテレビでクイズ番組を見かける機会が多いが、テレビのクイズ番組で出題された問題を一生懸命解こうと考えこんだという経験はないだろうか。番組に参加しているわけではないので、クイズに正解しても何ももらえないのにも関わらず、一生懸命テレビの前で考え込むのはどうしてだろうか。そ

れは、単にクイズの答えを知りたいからだろう。このように、知りたい、考え
たい、見たい、聞きたいといった動機は内発的動機とよばれる。実は、私たち
人間や動物に存在する知覚器官、思考器官、筋肉を使用すること自体が報酬
となっているのだ。

　内発的動機には、感覚動機、好奇動機、操作動機などがある。感覚動機とは、
何かを見たい、聞きたいという動機である。感覚動機は感覚遮断実験によっ
て確認されている。ヘッブ(1904～1985)によって行われた感覚遮断実験(1951)
は、文字どおりほとんどの感覚を遮断する実験であった。被験者の大学生は、
図 6-1 のように目にはアイマスク、両手には筒がはめられ、耳は U 字型枕で
覆われて、見たり聞いたり触ったりできない状態で、食事とトイレ以外は柔
らかなベッド上で何もせずに横になっていることが求められた。

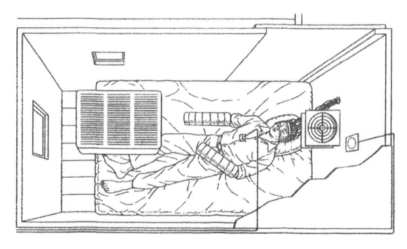

図 6-1　感覚遮断実験

Bexton *et al.*, (1954)

　被験者には当時としては高給であった 1 日あたり 20 ドル(現在の価値で約
200 ドル)が支払われる実験であったので、多少窮屈ではあるが、ただ寝てい
るだけで高給が稼げる実験である。あなたもこの実験に参加したいと希望す
るかもしれないが、この実験の被験者は全員 3 日以内で実験の被験者を辞退

してしまったのだ。

　同じような感覚遮断実験を行った杉本によると(1983)、実験の 1 日目には、被験者は無意識に覚醒水準を高めるために思考や空想活動を行っていたが、2日目になると、起きているときには衝動的な気分になり、寝ているときには夢を多発して脳の活動性を維持しようとするようになった。さらに 3 日目になると、覚醒水準を維持するための努力がうまくいかなくなり、被験者は被害妄想や幻覚、抑うつや無気力といった状態になったことが報告されている。感覚遮断実験の際に電話帳を与えた実験では、特に目的もないのに被験者は電話帳をむさぼり読んだという報告もある。

　これらの感覚遮断実験からわかることは、私たち人間には何か刺激を見たり聞いたりしたいという動機があり、これらの感覚刺激が欠乏すると、正常な心の状態を維持することが難しくなるということだろう。

　好奇動機は、新奇な刺激を求めて行動を起こす内発的動機である。たとえば、サルを小部屋に入れ、小部屋の周囲におもちゃの電車を走らせると、サルが窓を開けて小部屋の外を見ることを報酬として学習が成立する(Butler, 1954)。サルは窓の外を走るおもちゃの電車を見たいのである。

　同じく、人間を対象とした一連の研究を通してバーラインは、人間は単純な図形よりも、複雑で、配列や形が不一致であるような図形を凝視する時間が長いことを報告している(1958)。これらの研究からは、人間は、新奇な刺激でしかも複雑であるような図形を好んで見たいという内発的動機を持っていることがわかる。

　操作動機とは、何かを操作したいという動機である。サルに複数の仕掛けがあるパズル(図 6-2)を渡すと、サルはパズルを解いても何か報酬(たとえば餌)をもらえるわけでもないのにも関わらず、このパズルを解こうとする。12日目にはほとんど間違うことなく解けるようになるが、それでもパズルを解き続けることから、新奇動機ではなく、操作動機によってサルのこのパズルを解くという行動が生じていると考えられる。

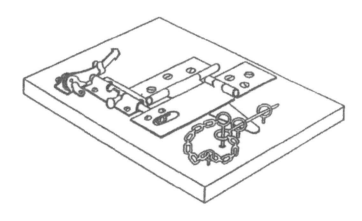

図 6-2　複数の部品からなるパズル

Harlow (1950) より引用

6.3　マズローの欲求階層説

　マズロー(1908〜1970)は、植物の種子が成長するに従い多くの潜在能力を開花させるように、人間も成長し自己実現に向かう存在であるという人間観に立って欲求と自己実現とを関連づけた理論を展開した(Maslow, 1970)。人間の基本的欲求を 5 つに分類し、①生理的欲求、②安全欲求、③所属と愛情の欲求、④尊敬欲求、そして⑤自己実現欲求と名づけた(図 6-3)。

　これらの基本的欲求は階層的に組織されており、より低位の欲求は生物的欲求であり、より高位の欲求は心理的欲求とされた。最下層は生理的欲求である。

　生理的欲求とは、生存のために必要な欲求であり、空腹、渇き、性、呼吸などがあげられる。これらの生理的欲求は比較的互いに独立しており、そして特定の身体的基礎を持っている。生理的欲求は最も強力であり、それを満たすことができなければ、次の欲求階層に移行することはできない。

　生理的欲求の上位には、安全欲求が位置する。安全、安定、依存、恐怖や不安からの解放といった欲求である。生理的欲求と安全欲求とが満たされると、所属と愛情の欲求の階層になる。これは、自分の居場所を見つけ、そしてそこ

で他者との愛情にあふれた交流を図りたいという欲求である。

図6-3 欲求の階層

Maslow (1970)

　所属と愛情の欲求が満たされると、上位の尊敬欲求の層に移る。尊敬欲求には、自己尊重と他者尊重とが含まれており、自己尊重には、威信、自己評価、競争、達成、独立の欲求が含まれる。他者尊重には、地位、畏敬、認知、注意、尊敬の欲求が含まれる。そしてこの尊敬欲求が満たされると、いよいよ最上位層である自己実現欲求の層に移行する。

　マズローが考える自己実現欲求の層に位置するのは、自己受容ができており、創造的で、他者との交流ができ、物事を多面的に柔軟にとらえることのできる人であるようだ（表6-1）。

　マズローによると、この最上位層である自己実現欲求は弱く、また環境の影響も受けやすい。このため、自己実現欲求を満たすことのできる人はごく限られた一部の人であり、誰もが達成できるわけではないのだ。マズローの欲求階層において、生理的欲求、安全欲求、所属と愛情の欲求、尊敬欲求はいずれもそれらが欠乏したときに、行動によって欠乏が解消されると緊張が和らぐが、自己実現欲求は、欠乏ではなく人間が自らの可能性の実現に向かって成長しようとするところに存在する。このため、自己実現欲求は低位の4つの欲求とは異なる欲求だと考えられる。

表 6-1　自己実現を達成した人の特徴

現実を効果的にとらえ、あいまいさに耐えることができる

自分と他者をあるがままに受容できる

考えや行動が自発的である

自己中心的というよりも、むしろ問題中心的である

ユーモアのセンスがある

非常に創造的である

無理に型を破ろうとしていないが、文化に順応させようと
　　する力には抵抗する

人類の幸福に関心がある

人生の基本的な経験に対して、深い理解をもつ

多くの人とより、むしろ少数の人と深く充実した人間関係
　　を築いている

人生を客観的な見地から見ることができる

　さてここまで、動機づけについて説明してきたが、行動の背景にはさまざ
まな動機が存在することが理解できただろう。ところでみなさん自身はマズ
ローの欲求階層のどこに自分は位置していると思うだろうか。自分自身を振
り返って考えてみてほしい。

第7章

動機づけと認知

第 6 章では動機づけについて学んだが、この章では動機づけに関連したさ
まざまな要因について学ぶ。

同じように「眠たい」と感じている A さんと B さんの 2 人がいるとする。
動機が同じであれば、同じ行動が誘発されるように思えるが、2 人の行動は異
なっていた。A さんはとにかく眠たいので、家で夕食を食べたらすぐ就寝し
た。しかし B さんは眠たいと感じながらも、明日の授業の予習や復習をして
から就寝した。

このように動機が同じだとしても、生起する行動が異なることがある。本
章では動機づけと認知的要因とが行動に与える影響について説明する。加え
て、動機づけられた行動が何らかの障害によって阻止された場合についても
説明する。

7.1 動機づけと認知的要因

動機づけとは、行動が始まり、方向づけ、推進し、持続させる一連の過程を
指すことは第 6 章で説明したとおりだが、朝起きたときに空腹を感じ食事を
とる場合でも、誰もが同じように食事をとるわけではない。体育会系の部活
に所属している学生で身体を大きくすることを目指している場合には、たく
さん食べようとするだろう。しかし、最近太り気味で体重が気になる学生の
場合は、朝食を食べないという選択をするかもしれない。このように食事を
とるという行動の生起には、「おなかがすいた」だけではなく「身体を大きく

したい」「痩せたい」など行為者の信念や経験、目標など認知的要因が関係していると考えられる。

（1）アトキンソンの期待—価値モデル

アトキンソンは、動機のみならず、行為者の行動による結果が成功するという見込み(期待)と、行動がもたらすよい結果(価値)によって行動が導かれると考えた。これらを関数で表すと、次のようになる。

- **達成志向傾向** ＝ （達成動機×主観的成功確率×成功の誘因価）
- **失敗回避傾向** ＝ （失敗回避動機×主観的失敗確率×失敗の誘因価）
- **達成行動** ＝ 　達成志向行動−失敗回避傾向

アトキンソンらは、達成志向傾向が失敗回避傾向より強い人は、主観的成功確率が 50%(難しすぎず、やさしすぎない)課題を好み、極端に簡単(成功確率 100%)や極端に難しい(成功確率 0%)課題を避けるが、失敗回避傾向が達成志向傾向よりも強い人は、主観的成功確率が 50%(難しすぎず、やさしすぎない)課題を好まず、極端に簡単(成功確率 100%)や極端に難しい(成功確率 0%)課題を好むと考えた(1960)。

図 7-1 には男子大学生の達成動機(達成志向傾向)、失敗回避傾向(テスト不安)と達成行動(中程度のリスクの選択)との関連を示している。達成動機が高く失敗回避傾向が低い人は、達成行動をとる割合が高いのに比べて、失敗回避傾向が高い人は、達成行動をとる割合が低いことがわかる。アトキンソンのモデルは、さまざまな研究者によって検証され、ほぼ妥当であることが確認されている。

（2）ロッターの内的—外的統制理論

授業の終わりには試験があるが、試験の結果は自分の能力や努力によるものだと考える人もいれば、試験の結果というのは本人の能力や努力よりも、運や偶然の影響を受けるものだと考える人もいるだろう。このように課題を自分自身の能力やスキルによって解決できるとする認知を**内的統制**とよび、

課題の達成には運や偶然などの外的要因の影響が強いという認知を**外的統制**とよぶ(Rotter, 1966)。

　内的統制のような認知を持つ人にとって、課題の結果を左右するのは自分自身ということになる。しかし、外的統制の認知を持つ人は、自分がどのように行動しようが結果には影響しないと考えるために動機づけに結び付きにくいことが知られている。

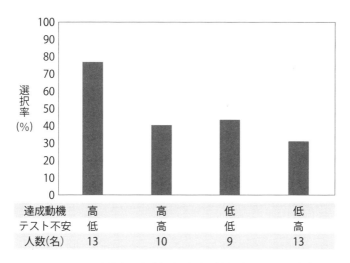

図 7-1　男子大学生の達成行動選択率（中程度のリスク選択）

Atkinson & Litwin (1960) を一部改変

（3）ワイナーの原因帰属理論

　原因帰属は、内的―外的統制理論と似ている考え方であり、ある結果の原因をどこに求めるのかに関する理論である。ワイナーは、アトキンソンやロッターのモデルを組み合わせて、主観的成功確率(期待)に、事象の安定性(安定または不安定)を対応させ、成功の誘因価(価値)に、統制の位置(内的統制または外的統制)を対応させたモデルを作成した(表 7-1)。そして結果を解釈し予測するために、能力、努力、課題の困難度、運の 4 要素を用いてモデルを説明している(Winner, 1986)。

　このモデルでは、統制の位置に関して、成功した出来事の結果を内的に帰

属させると誇りを感じ、反対に失敗した出来事の結果を内的に帰属させると恥を感じることが仮定されている。また、事象の安定性については、成功した出来事の結果を安定に帰属させると、同様の出来事が生じたときに同じように成功する確率が高いと認知し、不安定に帰属させると、同様の出来事が生じたときに同じような結果になる可能性は低いと認知されることを意味する。たとえば、テストの結果が悪かった場合に、その原因を「内的」かつ「安定的」に帰属させると、「テスト結果が悪かったのは、自分の能力が劣っているからだ。」ということになる。

表 7-1　ワイナー(1986)の原因帰属理論

		安定性	
		安定的	不安定的
統制の所在	内的	能力	努力
	外的	課題の困難度	運

　このように、失敗した出来事の原因を、内的かつ安定的に帰属させると、外的に帰属させるよりも失敗することを恥ずかしく苦痛に感じる。しかも、勉強してもしなくてももともと能力がある人はテストでよい点が取れるはずなので、それ以後、テスト勉強をするという達成行動は抑制されるだろう。

　テスト結果が悪かったことを「内的」かつ「不安定的」に帰属させると、「自分が試験勉強を怠ったからだ。」ということになる。この場合は、テスト結果が悪かったことを恥じるが、今回は努力をしなかったので、次回努力すればよいのではないかと考え、それ以後、勉強をするという達成行動は促進される。

　では、テストの結果が悪かったことを「外的」に帰属するとどうだろうか。実はこの場合も、達成行動は抑制されると考えられる。「テストの結果が悪かったのは先生が難しい問題を出したからだ。」と「外的」かつ「安定的」に捉えると、いくら勉強しても出題される問題が難しければよい点は取れないの

で、以降のテストでは勉強しようと思わないかもしれない。また「外的」「不安定」に帰属させた場合、「今回は運が悪かったのでテストの結果が悪かった。」となり、テストの結果を決めるのは運なので、勉強してもしなくても変わりがない。そのためそれ以降、勉強をしようとはしないだろう。

　このように、原因帰属理論では、出来事の原因を「内的」あるいは「外的」に帰属し、かつ「安定的」または「不安定的」に帰属させることで、それ以降の達成行動に影響を及ぼすと考えられる。

　この他にも、セリグマンの学習性無力感の実験(第5章参照)に代表されるような動機づけに認知的要因が関与するという立場もある。学習性無力感の実験からは、「何をしても不快な刺激から逃れることはできない」ということを学習した犬は、その後に不快刺激が提示されても逃げようとしなかったことから、行動に及ぼす認知的要因の影響の大きさが報告されている。

7.2　フラストレーション

　最近発売されたスマートフォンの新機種の広告を見て、ちょうど買い替えようと思っていたあなたは早速店に買いに行ったとする。しかし、人気のためにどの店に行っても売り切れで手に入らなかった。このとき、あなたはどんな気分になるだろうか。何とも言えない不快な感じを味わうのではないだろうか。このように目標に動機づけられた行動が、なんらかの障害によって阻まれている状況を欲求阻止とよび、その結果として生じる不快な情動体験を**フラストレーション(欲求不満)**とよぶ。

　人が予期しない欲求阻止状況に陥るとき、攻撃行動が生じやすいといわれる。新機種が売り切れていた不満を店員に伝えるのはこの例であろう。なお、攻撃行動は必ずしも直接的な攻撃だけではない。直接攻撃できない場合には、間接的な対象に攻撃が向くことがある。これはいわゆる八つ当たりである。この他には、欲求阻止の状態が長引けば退却行動が見られ、無活動や無為の状態になりやすい。攻撃行動と退却行動のちょうど中間に位置するのが代償行動である。これは、欲求を満たすことに対する障害を克服できない場合に、当初の目標達成をあきらめ、類似した目標を達成することによって欲求を満

たそうとすることである。欲しかった機種のスマートフォンは手に入らなかったが、同じ会社から出ている別の機種を代わりに購入して我慢することが代償行動の例として挙げられる。

　生きている中で私たちの欲求が常に満たされるわけではなく、欲求充足を阻止する障害に対して私たちは日々フラストレーションを感じながら生きている。そして、この欲求阻止状況においてすぐに攻撃したり退却的な反応を取らずに、現実に即して欲求充足を先延ばししたり、行動を抑制することを**フラストレーション・トレランス(欲求不満耐性)**とよぶ。フラストレーション・トレランスは、私たちが社会生活を営むための重要な能力の 1 つである。

7.3　コンフリクト

　これまでは目標が 1 つの場合の動機づけについて説明してきたが、実際には目標が複数ある場合も多い。たとえば、スマートフォンを買いに行った店で、果たして目当ての機種は置いてあったものの色はブラックとシルバーの2 種類があり、どちらを購入するか悩む場合などである。このようにブラックもシルバーもどちらも好みである。どちらを選べばよいのか迷ってなかなか購入できないという状態を、接近―接近型コンフリクト(葛藤)とよぶ。コンフリクトでは行動が停滞する。

　このほかのコンフリクトには、回避―回避型コンフリクト、接近―回避型コンフリクト、2 重接近―回避型コンフリクトがある。回避―回避型コンフリクトとは、「勉強したくない」「でも単位も落としたくない」というようにともに負の誘因に挟まれた状態を指す。この場合も勉強行動は停滞すると考えられる。

　また、接近―回避型コンフリクトは、「間食したい」「でも間食して太りたくない」のように 1 つの対象に正と負の誘因が含まれている場合を指す。そして、2 重接近―回避型コンフリクトは、接近―回避型コンフリクトのように、正と負のどちらの誘因も含まれている対象が複数存在する場合である。アルバイトをする店を検討しているときに、A 店は「時給が高いけど仕事内容がきつい」。また、B 店は「仕事内容は楽だけど、時給が安い」ために、どち

らの店でアルバイトをしようか決めかねるときには、この2重接近―回避型
コンフリクトが生じていると考えられる。

7.4 防衛機制

　コンフリクトやフラストレーションが長期にわたる場合、精神的に大きな
苦痛を感じるだろう。このようなときに、心を守るシステムとして無意識的
に働く仕組みが**防衛機制**である。

　防衛機制は、精神分析療法の創始者であるフロイト(1856〜1939)によって主
張されたもので、人は欲求不満状態に陥ると、無意識のうちに以下に示すよ
うな防衛機制を用いるとされる。

① **抑圧**：性的なものや攻撃的なものなど、それを認めると自己評価の低下、
　　不快感や不都合をもたらす願望や考え、感情などを意識の外に締め出し、
　　無意識下に置くこと。
　　(例) 非常に不快であった過去の出来事を覚えていない、など
② **否認**：あまりにも不快であったり、衝撃的である事実が現実であることを
　　認めようとしないこと。
　　(例) 自分の余命がいくばくもないことを認めない、など
③ **合理化**：本来の目標を達成できる見込みが低いときに、自己評価を低下さ
　　せないように都合の良い理由づけをすること。
　　(例) イソップ物語の「すっぱいブドウ」の話、など
④ **反動形成**：自分の願望や情動とは反対の態度や行動をとること
　　(例) 本当は相手のことが気になるのに、無関心を装う、など
⑤ **投影**：他者と自分を同一視して、自分の中にある不都合な情動や態度を他
　　人に帰属させて責任を転嫁すること
　　(例) ケチな人間が他人のことをケチだと思っている、など
⑥ **取り入れ**：他者と自分を同一視して、他者の持つ社会的に好ましい特性を
　　自分の中に取り入れ、その他者になったように感じること。
　　(例) 憧れのスポーツ選手と同じシューズを履いて、その選手と同じよう

に振る舞う、など

⑦ **置き換え**：ある対象に向けられていた感情が、本来のものから別の対象に
　　移されること。置き換えの中でも、抑圧されていた性的衝動や反社会的
　　な衝動を社会的に認められる芸術やスポーツなどに向けて欲求を満足
　　させることを昇華とよぶ。
　　（例）アルバイト先の店長に対して怒っているのに、帰宅後に家族に八つ
　　当たりする、など

⑧ **補償**：自分の欠点や劣等感を補償するような態度や行動をとること。
　　（例）実際には劣等感を感じているのに、虚勢を張る、など

⑨ **退行**：以前の発達段階に戻ったり、より未熟な行動様式に戻ること。
　　（例）下の兄弟が生まれた後に、赤ちゃん返りをする、など

第8章

発 達

　人間でも動物でも生まれたときはとても小さい。まだおぼつかないその動きに愛しさを感じ、思わず護ってあげたくなる。しかし生後 1 年もすると、より人間らしくなり、何とか自力で歩こうとし始める。このような人間の成長について学ぶのが**発達心理学**である。発達心理学では、子どもだけではなく、生まれてから死ぬまでを成長の過程と捉える。乳児期には乳児期の発達があり、老年期には老年期の発達がある。この章では、人間が生まれてからどのように成長し、そして死を迎えるのかについて学ぶ。

8.1　発達とは何か

　発達とは、受精から死に至るまでの心身の質的および量的な変化である。日常生活の中では、「発達」という言葉は、子どもが大きくなるという意味で、主に成人するまでの子どもに使われる。しかし心理学では、一生をかけて発達を遂げる存在として人間を捉えている。確かに、記憶力などは青年期をピークに低下するかもしれない。しかし、記憶力の低下もまた発達だと捉えるのだ。このような視点を持って、人間の発達を概観していこう。

8.2　発達の要因

（1）遺伝説
　古くから、発達は先天的な要因によって決まっていると考えられてきた。

たとえば、自分が母親や祖母と同じような髪の色をしていれば、確かに発達は遺伝による影響を受けるのだと直感的に理解しやすい。では、外見ではなく、パーソナリティや能力に関してはどうだろうか？　もしあなたの成績がよい場合、それは遺伝の影響であり、先祖から能力を受け継いだと考えてよいのだろうか。遺伝の影響を調べるために、かつては精神遅滞者や犯罪者の家系研究が行われていた。たとえば、ゴダード(1912)は、ある地区に住み着いた貧困者と浮浪者の先祖であるマーチン・カリカックについて調べている。彼は 2 人の女性との間に子どもをもうけているが、精神遅滞の女性との間に生まれた子どもの流れを汲む子孫 480 名には、精神遅滞者や犯罪者、アルコール依存症者などが多かった。一方、もう 1 人の女性との間に生まれた子どもの流れを汲む子孫 496 名には、精神遅滞者や犯罪者は皆無だったことが報告されている。

　遺伝の仕組みが解明されている現在では、ゴダードなどによって行われた家系研究は、遺伝を単純に捉えすぎており、また優生学につながる点で否定されている。

（2）環境説

　遺伝説に対して、環境による発達への影響を重視する立場もある。ワトソンによる行動主義心理学はこの立場に相当する。ワトソンは、健康な子どもを自分に 1 ダース預けてくれたら、いかようにでも育ててみせる、と述べている。彼が言いたいのは、芸術家が育つ環境で育てれば、子どもは芸術家になるように、環境がその人の発達に影響を与えるということだろう。

　確かに遺伝も環境もともに人間の発達には関係がありそうだ。しかし、どちらかだけで説明できるほど、人間の発達は単純ではないだろう。

（3）輻輳説

　人間の発達を考えるときに、遺伝も環境も重要というのは直観的に理解しやすい。**輻輳説**は、遺伝と環境とが加算的に作用して発達に影響するという考え方である。たとえば、芸術的な能力は、遺伝が 7 割、環境が 3 割で決定し、話す能力は、遺伝が 3 割、環境が 7 割のように、人間の発達に与える遺

伝と環境の影響を捉える。しかし、輻輳説もまた、人間の発達を単純にとらえている。輻輳説では、遺伝と環境との相互作用については考慮されていないのである。

（4）相互作用説

　遺伝と環境とが発達へ与える影響を考える場合、遺伝と環境との相互作用も考慮しなければならないだろう。芸術的な能力を親から受け継いだ子どもがいたとする。しかも担任の先生が音楽の先生であれば、素晴らしい音楽に触れる機会が多くなるかもしれない。この場合、その子どもがもつ芸術的な能力が最大限に引き出される可能性は高まる。この例のように、遺伝と環境とはお互いに影響を与え合うというのが、**相互作用説**である。

　この相互作用論の中でも、遺伝要因と環境要因が時系列に影響しあうと考えるのが、トランザクショナル・モデルである。

　図 8-1 のように、その人の遺伝的要因は環境的要因に影響を与えると同時に、その人の環境的要因もまた遺伝的要因に影響を与える。しかもそれらの影響は時間経過とともに累積し、相互作用が繰り返されるのだ。

　以上、発達を規定する要因について説明してきたが、人間の発達を理解するためには、遺伝も環境も、そしてその相互作用をもその時間経過とともに理解しておく必要がある。

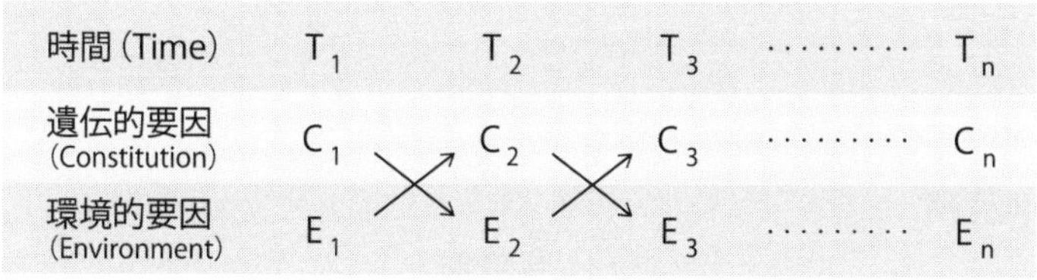

時間 (Time)	T_1	T_2	T_3	………	T_n
遺伝的要因 (Constitution)	C_1	C_2	C_3	………	C_n
環境的要因 (Environment)	E_1	E_2	E_3	………	E_n

図 8-1　トランザクショナル・モデルのイメージ

8.3　発達段階とエリクソンの発達理論

　エリクソン(1959)は、フロイトの発達理論に人間関係や社会との関係という
視点を加え**発達理論**を展開した(表8-1)。以下に、各発達段階の様子とその段
階におけるエリクソンの発達理論をみていこう。

表8-1　エリクソンの発達理論

	1	2	3	4	5	6	7	8
Ⅰ 乳児期	基本的信頼 対 基本的不信							
Ⅱ 幼児期		自律性 対 恥、疑惑						
Ⅲ 遊戯期			積極性 対 罪悪感					
Ⅳ 学齢期				生産性 対 劣等感				
Ⅴ 青年期					同一性 対 同一性拡散			
Ⅵ 成人期						親密性 対 孤立		
Ⅶ 中年期							生殖性 対 停滞	
Ⅷ 老年期								完全性 対 絶望、嫌悪

（1）乳児期

　生後1年から1年半までの時期を**乳児期**とよぶ。この時期は心身ともに目
まぐるしい成長を遂げる時期である。平成12年の厚生労働省の報告によれば、
生まれたときの平均身長は約50センチであり、平均体重は約3,000グラムで
ある。そして生後1年たつと、平均身長は約75センチとなり、平均体重は約
9,000グラムとなる。1年間で身長は1.5倍となり、体重は3倍となるのだ。
もちろん、たんに身体が大きくなるだけではない。生まれたときには自分で

自分の頭を支えることさえできなかった乳児は、おおよそ生後 1 年半までには歩くことができるようになる。

　身体の発達が目覚ましいだけではない。最近の研究から、乳児は私たち大人が想像する以上に、積極的に外部からの刺激に反応していることがわかってきた。生後間もない新生児でも、物を目で追いかけるだけではなく、自分の周囲にいる人の顔を好んで見つめ、身体を使って周囲からの刺激に反応している。母親からミルクを与えられている間でさえ、乳児はじっと母親の目を見つめたり、手で母親の身体を触ったりと母親とコミュニケーションをとりながら母乳を飲む。母親もまた乳児の様子に、微笑み返したり、声をかけたりする。このような母子の相互作用を通じて、母子間の愛着（アタッチメント）が形成される。乳児からの働きかけに母親が反応することは、乳児が母親に対して信頼感を持つことにつながり、それが世間一般や乳児自身に対する信頼感につながると考えられる。

　もし母親が乳児からの働きかけを無視していたらどうなるだろうか。乳児は、母親に対して不信感を抱き、それが世間一般や自分に対する不信感につながるのだ。ハーロウとジマーマン(1959)が行った代理母の実験を紹介しよう。彼らは、子ザルを生まれてすぐに母ザルから引き離し、実験室内で育てる研究を行った。実験室内には、図 8-2 にように、針金の骨格がむき出しになっているワイヤーマザーと、針金の骨格の上に毛布を巻き付けたクロスマザーの 2 種類の代理母が設置された。A 条件では、ワイヤーマザーのみ胸の位置に哺乳瓶が取り付けられ、クロスマザーには哺乳瓶を付けず、子ザルはワイヤーマザーに付いている哺乳瓶でミルクを飲んだ。B 条件では、クロスマザーのみ胸の位置に哺乳瓶が取り付けられ、子ザルはクロスマザーの哺乳瓶からミルクを飲んだ。もし代理母が、お腹を満たすだけの存在であるならば、A 条件では、子ザルはワイヤーマザーに愛着を示し、B 条件ではクロスマザーに愛着を示すはずである。しかし実験の結果、A 条件でも B 条件でも、子ザルはクロスマザーに愛着を示した。さらに、実験室内に子ザルが怖がるクマの電動式の人形を入れると、子ザルは怯えて一目散にクロスマザーにしがみついたのだった。この実験からわかるのは、子ザルにとって母ザルはお腹を満たす以上の存在であるということだ。恐怖や不安をやわらげ、安心感を与えて

くれる存在なのだ。

図8-2　代理母実験の様子

Harlow (1959)

　乳児期のこのような様子が、エリクソンの理論にも反映されている。乳児が周囲の人との愛着を形成することができれば信頼を身に着けることができるが、愛着形成がうまくいかない場合には不信感を抱くようになる。

（2）幼児期

　乳児期以降から小学校へ入学するまでの時期を**幼児期**とよぶ。幼児期では、乳児期に負けないくらい心身ともに発達を遂げる。歩けるようになったら、あっという間に走り回れるようになり、ジャンプができるようになる。自転車に乗ったり、ボールを上手に投げることもできるようになる。自分で服を着替えたり、食事ができるようになり、言葉も自由に操ることができるようになる。2歳くらいからは、自我が芽生え、なんでも自分でやろうとする。

しかし、暑い日なのに長袖のシャツを着たり、自分でコップから飲み物を飲もうとするが、うまくできずにこぼしてしまったりと、実際にはうまくできないことが多く、つい大人が手出ししてしまう。すると、子どもは「イヤ！」と反抗する。この時期のことを第一反抗期とよぶ。大人にとっては、しつけと自我の成長を見守る姿勢の間でバランスをとらなければならず、大変苦労する時期だろう。

エリクソンの発達理論では、幼児期と遊戯期に相当するこの時期の発達課題は「自律性 対 恥、疑惑」、「積極性 対 罪悪感」である。幼児期は、さまざまなことを自分でやりたがる時期だが、失敗したことを親が過度に叱ったり何もさせないようにすると、自律性は育たず、できない自分を恥ずかしく感じるようになる。また遊戯期は、何でも積極的に行動したり自分を取り巻く世界を知りたがる時期であるが、親が邪険にしたり、過度に厳しくしつけると子どもは罪悪感を覚える。

（3）児童期

一般的に、小学生の時期を**児童期**とよぶ。この時期は社会で生きるために必要となるさまざまな事柄を習得する時期である。小学校では基礎的な学習に取り組むだけではなく、その取り組みの姿勢も学ぶ。この時期は、エリクソンの学齢期に相当し、発達課題は「生産性 対 劣等感」である。真面目にコツコツと努力できればよいが、それがうまくいかないと劣等感にさいなまれることになる。

この時期はまた、心身ともに発達が著しい。思考面では、それまでは他者の視点に気づかなかった子どもも、自分の視点や立場から離れて他者の視点を取り入れることで、複数の視点から物事を捉えることが可能になる。これを**脱中心化**とよぶ。加えて、高学年になると抽象的な思考力を身につけるようになる。身体面では、二次性徴の発現がみられる。

対人関係では、親や先生などの大人から離れ、友人集団からの影響を強く受けるようになる。同性の集団で徒党を組んで行動する様子から、この時期をギャング・エイジとよぶこともある。

この時期の発達は個人差が大きく、心身の発達がアンバランスな子も多い。

（4）青年期

　青年期は、身体が急激に大人へと変化を遂げ、それまでの子どもとしての自分自身のイメージを、社会の一員としての大人の自分へ変化させる必要に迫られる。私たちは、親や先生、近所の年上の他者などのイメージを自己イメージとして取り込みながら成長する。青年期には、身体が大人と同等になることによって、子どもとしてのイメージを解体し、大人としての自分のイメージを作り替えなければならなくなる。自分とは何者であるのか、これから社会の一員としてどのように生きていくのかについて考えるが、これがエリクソンの発達課題の「同一性 対 同一性拡散」である。悩みながらも真剣に問題と向き合い、自分がこの先の人生の中でどう生きていくのかを見出せた場合はよいが、そうでない場合は自分の人生に向き合うことを避け、自分とは何者かという問いに取り組まないままに生きることになる。

（5）成人期

　成人期は、経済的な自立により、社会への参加が認められる時期である。「親密性 対 孤立」がこの時期のエリクソンの発達課題となる。パートナーを見つけ、家庭を持つ、社会的に受け入れられることなどがうまくいくのならよいが、それらがうまくいかない場合には、孤立し孤独を感じる。この時期に周囲との親密な関係を築くためには、青年期に安定した自我同一性（アイデンティティ）を確立しなければならない。青年期に悩みながらも、自分とは何者か、どんな生き方をするのかを選択した者は、成人期において、ありのままの自分を受け入れ、自分を取り巻く社会の状況を受け入れることができるだろう。

（6）中年期

　エリクソンによると、**中年期**の発達課題は「生殖性 対 停滞」である。この時期は、子どもを育てる、あるいは部下や後輩を育てるなど、次世代の育成がテーマとなる。それがうまくいけばよいが、うまくいかない場合には、自己の成長が停滞しているように感じる。

　それらに加え、中年期はまた、青年期に劣らないほど、人生の中で自我同一

性の危機を迎える時期でもある。この時期には、成人期を過ぎて人生の折り返し地点に立つことを意識し始める。今やっていることが本当にやりたいことなのかと悩んだり、親の老いや死を身近に感じるなど、再び人生を模索する時期となる。

岡本(1985)は、中年期の自我同一性の再体制化のプロセスを図8-3のようにまとめている。

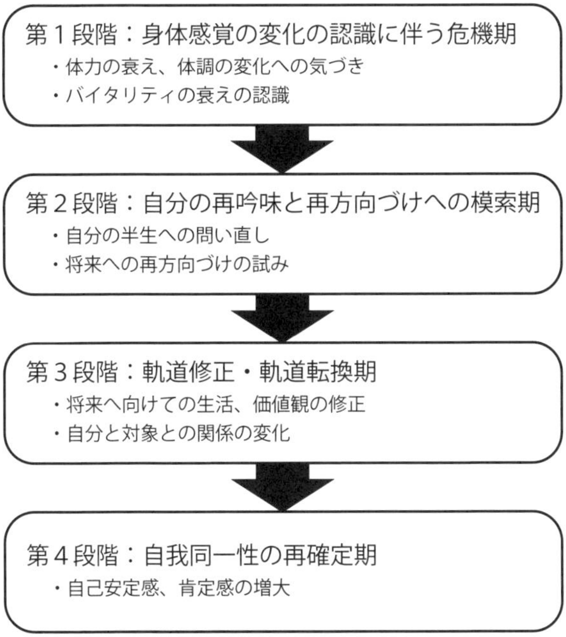

```
┌─────────────────────────────────┐
│ 第1段階：身体感覚の変化の認識に伴う危機期      │
│  ・体力の衰え、体調の変化への気づき          │
│  ・バイタリティの衰えの認識               │
└─────────────────────────────────┘
                 ▼
┌─────────────────────────────────┐
│ 第2段階：自分の再吟味と再方向づけへの模索期     │
│  ・自分の半生への問い直し                │
│  ・将来への再方向づけの試み               │
└─────────────────────────────────┘
                 ▼
┌─────────────────────────────────┐
│ 第3段階：軌道修正・軌道転換期             │
│  ・将来へ向けての生活、価値観の修正          │
│  ・自分と対象との関係の変化               │
└─────────────────────────────────┘
                 ▼
┌─────────────────────────────────┐
│ 第4段階：自我同一性の再確定期             │
│  ・自己安定感、肯定感の増大               │
└─────────────────────────────────┘
```

図8-3　中年期の自我同一性の再体制化プロセス

岡本（1985）を一部改変

これまで、自我同一性の確立は青年期に特有なものと考えられがちであった。しかし、今や日本人の平均寿命は80歳を超える。青年期を過ぎてからの人生の方が長いだろう。だからこそ、青年期に獲得した自我同一性をもってその後の人生を生きるのは無理がある。中年期はまさに、青年期に獲得した自我同一性を再吟味する、人生における大きな転換期である。

（7）老年期

　一般的に 65 歳以上は老年期とよばれる。みなさんが持つ高齢者のイメージ
はどのようなものだろうか。表 8-2 は高齢者に対するステレオタイプを測定
する尺度である。高齢者に対するステレオタイプには、「高齢者は病気がちで
ある」といった否定的なものもあれば、逆に「高齢者は孫世代にやさしい」な
どの過度に一般化された肯定的なステレオタイプもある。核家族や世代間交
流の断絶などによって、正しい高齢者観を身につけることが難しくなってい
る現状があるようだ。

　最近では、高齢者を「心身の機能が低下する弱い存在である」という否定的
な捉え方ではなく、「心身の機能の低下はあるが、それまでの経験から工夫や
努力によって若いときとは異なる方略を編み出し、それらを駆使して低下し
た機能を補っている」という肯定的な捉え方も見られる(柏木,2013)。

　このように肯定的に高齢者の発達を捉えた考え方に、「サクセスフル・エイ
ジング」がある(Rowe&Kahn,1987)。サクセスフル・エイジングとは、①病気や
障害を持たない、またはそのリスクが低く、②高い身体機能と認知機能を維
持しており、③人とのつながりを持ち、社会に役立つ活動に取り組むなど、積
極的に人生に関与していること、の 3 つの条件を満たすことを指す。老年期
は特に、心身の相関がみられるため、上記の①や②は重要である。加齢に伴う
身体機能の変化は認知機能の変化につながり、認知機能の変化もまた身体機
能の変化につながる。また、高齢者の地域活動への積極的参加は生きがいと
関連していることが知られている(山口, 2012)。地域活動に参加した高齢者の
うち、約 9 割が「生きがいを十分感じている」「生きがいを多少感じている」
と回答したのに比べて、活動に参加しなかった高齢者のうち、「生きがいを十
分感じている」「生きがいを多少感じている」と回答したのは約 7 割にとどま
っている。

　エリクソン(1959)は老年期の発達課題として「完全性 対 絶望、嫌悪」をあ
げている。これまでの自分の人生を振り返りそれらを統合して捉えることが
できればよいが、それらがうまくいかない場合には、残された人生は残りわ
ずかであり人生をやり直すことはできずに絶望するしかない。エリクソンは
また、英知を老年期の重要な概念としている。英知とは、人生で遭遇する根本

表8-2　日本語版加齢に関するイメージ尺度

西村、平沢（1993）

	正しい	正しくない
1. 大多数の高齢者は、記憶力が落ちたり、ぼけたりする		
2. 高齢になると耳や目などいわゆる五感がすべて衰えがちである		
3. ほとんどの高齢者は、セックスに対する興味も能力ももっていない		
4. 高齢者になると、肺活量が落ちる傾向がある		
5. 大多数の高齢者は、多くの時間をみじめな気持ちで過ごしている		
6. 肉体的な力は、高齢者になると衰えがちである		
7. 少なくとも、1割の高齢者は養護老人ホーム、特別養護老人ホームなどに長期間入所している		
8. 65歳以上で車を運転する人は、若い人よりも事故を起こす率が低い		
9. ほとんどの高齢者は、若い人ほど高率よく働けない		
10. およそ8割の高齢者は健康で、普通の生活をおくるのにさしつかえない		
11. ほとんどの高齢者は、自分の型にはまってしまって、なかなかそれを変えることができない		
12. 高齢者は、何か新しいことを学ぶのに若い人よりも時間がかかる		
13. 大多数の高齢者にとって、新しいことを学ぶのはほとんど不可能である		
14. ほとんどの高齢者は、若い人よりも反応時間が長い		
15. だいたい、高齢者というものは、みな同じようなものだ		
16. 大多数の高齢者は、めったに退屈しない		
17. 大多数の高齢者は、社会的に孤立しており、またさびしいものだ		
18. 高齢者は、若い人よりも職場で事故にあうことが少ない		
19. わが国の人口の2割以上が65歳以上の高齢者である		
20. ほとんどの医師は、高齢者の治療より若い人の治療を優先する傾向がある		
21. 一人暮らしの高齢者の半分以上は、生活保護を受けている		
22. ほとんどの高齢者は、現在働いているか、または家事や奉仕活動でもよいから何らかの仕事をしたいと思っている		
23. 高齢者は年をとるにつれて、信心深くなるものだ		
24. だいたいの高齢者は、めったに怒ったり、いらいらしたりしない		

的で難しい問題に熟達した知識(Staudinger ら,1994)である。若いときに身に着けたスキルの修正やさまざまな問題解決への取り組みの経験をもとに英知が発揮されるのだろう。

　ちなみに前のページの日本語版加齢に関するイメージ尺度は、19 以外の奇数項目は「正しくない」が正解であり、19 と偶数項目は「正しい」が正解である。正答率が低いほど、高齢者に対してステレオタイプ的な見方をしていることになる。あなたは何問正解しただろうか。

第**9**章
パーソナリティ

　雑誌などにある性格占いの類をやったことのない人はいないだろう。多くの人が自分の性格や他人の性格について興味関心を持っている。また、人のうわさ話をするときにも必ずといっていいほど、「A さんは頑固だから・・・」のように性格について言及するだろう。だがこれは今に始まったことではない。紀元前 3 世紀の書物にすでに人の性格についての記述が見受けられる。テオプラストスは、『エチコイ・カラクテレス(人さまざま)』という書籍の中で、けちな人について次のように記している。

　　「けちとは、度を越して、出費の出し惜しみをすることである。そこで、けちな人とはおよそ次のようなものである。すなわち、まだ月のうちだというのに、半オボロスの利息を、相手の家へ出かけて請求する。また、客たちと食事をとるときには、それぞれの客が何杯飲んだかと、グラスの数を読んでいるし、アルテミスの神様には、会食者の誰よりも、いちばん少量のお神酒をささげる。」(Immisch 1923，森訳　1982)

　現代に生きる私たちが読んでも様子が手に取るように理解できるだろう。このように、昔も今も私たち人間は、自分や他人がどのような性格であるのかに興味を示し、そしてどうしてそのような性格になったのかについて、考えをめぐらせているのだ。本章では、多くの人が興味を持つ性格についての理論や性格と環境、遺伝との関係について説明する。

9.1 性格とは何か

　私たちが普段「性格」とよんでいるものは、心理学では「パーソナリティ」とよばれる。本書でも、以降は「パーソナリティ」という用語を使用する。パーソナリティは、ラテン語のペルソナという単語に起源をもつ言葉である。ペルソナはもともとギリシャ劇で使用される仮面を意味していたが、それが転じて、演技する人や役割、見せかけという意味をもつようになったといわれる。今では、ペルソナには人間や人格という意味も含まれるようになっている。

　パーソナリティとは、身体的な要因や社会的な環境と相互作用する、その人の独自のスタイルを作り出す思考や感情、そして行動の特徴的なパターンと定義される。一言でいうと「自分らしさ」を作り出すものである。もちろん、パーソナリティは目に見えないのだが、私たちはある程度自分がどのようなパーソナリティの持ち主であるのかを理解しているし、友人のパーソナリティでさえある程度は理解している。では目に見えないパーソナリティはどうやって理解されているのだろうか。それは行動観察による理解なのだ。たとえば、学校でも、学校以外でもいつでもどんなときでも落ち着いている友人を見て、「この人は冷静沈着だろう」とパーソナリティの推測を行っているのだ。

　以上をまとめると、パーソナリティとは固定的なものではなく流動的なものであり、かつ行動観察によって把握される、その人らしさを作り出しているものということだろう。ここからわかるように、パーソナリティについての私たちの理解は、実は曖昧で誤差も多いのだ。

　ちなみに、パーソナリティ(性格)と似た言葉に「気質」や「人格」などがある。「気質」とは、その人の持つ特性の中でもより生物学的な要素が強い部分を指す。また「人格」はパーソナリティの訳語として使われることもあるが、「人格者」という単語が表すように、道徳的な行為の主体としての個人といった意味合いも含まれている。

9.2 パーソナリティの捉え方

　パーソナリティを理解する際、類型論的な捉え方と特性論的な捉え方ができる。まずは類型論的な捉え方から説明しよう。

（1）類型論とは

　「兄はおっとりタイプだけど、妹の私はしっかりタイプです」というようにパーソナリティをいくつかのグループに分け、それぞれのグループに典型的なパーソナリティを記述する方法を**類型論**とよぶ。このような類型論的な考え方は、古くは紀元前 450 年頃から存在していた。エンペドクレスは、万物の根源は火、空気、水、土であるという四元素説を唱えた人物であるが、それぞれの物質の基本性質を、熱・冷・乾・湿の 4 つで示した。この四元素説の影響を受け、紀元前 400 年ごろにヒポクラテスが四体液説を確立したといわれる。人間には血液、黄胆汁、黒胆汁、粘液の 4 つの体液が存在し、どの体液が優勢であるのかによって、多血質、胆汁質、憂うつ質、粘液質という 4 種類の気質が出現すると考えられていた。また、これらの体液の均衡がとれなくなると病気になるとされていたようだ。2 世紀になると、ガレノスが四体液説を基に四気質説を確立する(表 9-1)。ガレノスの四気質説はその後広くヨーロッパに広がっていった。

表 9-1　ガレノスの四気質説

対応する液体	血液	黄胆汁	黒胆汁	粘液
気　質	多血質	胆汁質	憂うつ質	粘液質
特　徴	快活 明朗 気が変わり やすいなど	せっかち 短気 積極的など	用心深い 苦労性 消極的など	冷静 冷淡 勤勉など

　ガレノスの体液とパーソナリティを結び付ける考え方はその後否定されることになるが、ここにパーソナリティの類型論の萌芽を見ることができる。

（2）類型論の実際

■クレッチマーの類型論

　ドイツの精神科医であるクレッチマー(1888～1964)は、精神疾患患者を観察するうちに、診断名によって患者の体格に一定の傾向が見られることに気づいた。そして患者を対象に診断名とその体格との関連を検討し、それを『体格と性格』(1955)という本にまとめて世間に発表した。

　それによると、統合失調症の患者では、大半が痩せている体格(細長型)であるが、一方、そううつ病患者では半数以上がふっくらとした体格(肥満型)であることが報告されている(図 9-1、図 9-2)。精神疾患では、発病前に一定の病前性格が存在することが知られており、一般の人でも病前性格と似たようなパーソナリティが見られることがある。そのためクレッチマーは、精神疾患患者の観察から生まれたパーソナリティと体格との関連を一般の人にあてはめて、理論を展開した。

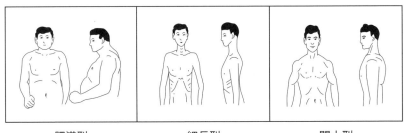

肥満型　　　　　　　細長型　　　　　　　闘士型

図 9-1　クレッチマーの類型論

Kretschmer (1955), 相場 (1960)

　以下にクレッチマーの類型を示しておこう。

① 分裂気質

　分裂気質の基本的な特徴は「内閉性」であり、自分の殻に閉じこもりやすい傾向である。対人関係では、周囲の人とまったく関わろうとしないか、ごく一部の親しい人としか関わらない、または付き合うとしても表面的にしか付き

合わない人が多い。

　神経質である一方で鈍感である面も併せ持つので、一見神経質に見えるのに、ある特定の物事については鈍感またはまったくの無関心であったり、またその逆のこともある。そのため周囲から理解されにくく、変り者と思われることも多い。

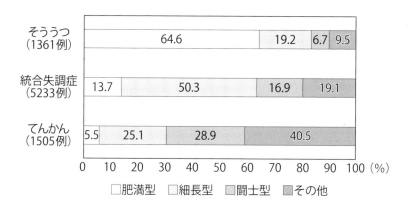

図 9-2　精神疾患ごとの体型の分類

Kretschmer (1955), 相場 (1960) を一部改変

② そううつ気質

　そううつ気質の基本的な特徴は「同調性」であり、他者と同調するような開放的なパーソナリティである。

　そのため、対人関係では社交的で人づきあいが上手な人が多い。寛容で柔軟性があるために、誰に対してもうまく調子を合わせることができ、人からも好かれることが多いだろう。気分の高揚と抑うつという側面を持っており、気分の高揚があり抑うつが少ないタイプでは、活発でのびのびとした愛すべき人物であることが多い。反対に、気分の高揚が少なく抑うつが強いタイプでは、責任感が強く、慎重で思慮深い傾向が見られる。

③ 粘着気質

　粘着気質は、後に追加されたパーソナリティである。基本的な特徴は「粘着性」とされる。一言で言えばしつこいということであるが、1つのことに熱中

しやすく几帳面で凝り性といえる。これに加えて、「爆発性」という側面も見られる。

　普段は忍耐強く辛抱するものの、これに耐えきれなくなると爆発的に怒り、周囲を驚かせることがある。対人関係では、まじめで丁寧であるが、堅苦しく面白みに欠けるところがある。

　クレッチマーの類型論と同じように、体格とパーソナリティとの関連を指摘した研究がシェルドンによって行われている。その他にも、ユング(1875～1961)は心のエネルギーの方向性によってパーソナリティを類型化しているし、ホーナイは、対人関係についての態度によってパーソナリティを類型化している。このように、さまざまな類型論が展開された。類型論的なパーソナリティ理論は、それぞれが理論的背景に沿って構成されており、各理論で典型例が明示されるために、理解しやすく有用であると考えられる。

　しかし、どうしても類型に当てはまらない例や、ある類型から別の類型に移行する例の解釈が難しいという問題点もある。また、そもそも数多くの人間をたった数種類の類型に当てはめて理解したつもりになり、本当のその人を見誤ってしまう危険性もあるかもしれない。

（3）特性論とは

　ここに2人の人物に関する記述がある。

　「A君は身体を動かすのが好きで、休日はスポーツをしている」
　「B君はインドア派で、休日は家でじっと本を読んでいる」

　みなさんは、この2人のパーソナリティの違いをどう考えるだろうか。類型論的な捉え方をすると、A君は活発な類型に属し、B君は大人しい類型に属する人物、のようにとらえられるだろう。ところが、特性論ではA君もB君も同じ「活動性」という特性で表すことができる(図9-3)。

　特性論では、私たちは共通するパーソナリティ特性を持ち、個人差はパーソナリティ特性の程度の差であり、質的な差ではないと捉えられる。このように、パーソナリティ特性の程度によってパーソナリティを捉えようとする

立場を**特性論**とよぶ。

図 9-3　特性論におけるパーソナリティの捉え方

（4）特性論の実際

　特性論的なパーソナリティ研究では、ビッグ・ファイブ・モデルが有名である。ビッグ・ファイブとは、「神経症傾向(情動性)」(N)、「外向性」(E)、「誠実性(統制性)」(C)、「調和性(愛着性)」(A)、「開放性(遊戯性)」(O)の 5 つのパーソナリティ特性を指し、この 5 つの特性こそ、私たち人間が共通して持っているパーソナリティ特性だとするモデルである。表 9-2 にビッグ・ファイブを測定するために開発された尺度の下位次元を示す。

　もちろん特性論にも問題点が存在する。現在のところ、ビッグ・ファイブ・モデルが特性論的なパーソナリティ理論の中では最も広く受け入れられている理論である。オルポートが特性論的なパーソナリティ理論を展開してから、そもそも私たち人間に共通するパーソナリティ特性はいくつ存在するのかを明らかにするために数多くの研究が行われ、その中で見出されたのがビッグ・ファイブ・モデルである。しかし、なぜパーソナリティ特性が 5 つであるのかについてはよくわかっておらず、その理論的な背景も存在しない。また、特性論ではパーソナリティ特性に研究の焦点が当てられているが、皆に共通するパーソナリティ特性とその人独自の個別特性とを合わせたものがパーソナリティであり、パーソナリティ特性にばかり焦点を当てる特性論的な捉え方では個別性を見逃してしまうという批判も存在する。加えて、特性論的な捉え方は断片的であり、パーソナリティの全体像を直感的に判断しにくいともいわれる。

表9-2　５因子性格検査(藤島ら, 2005)の項目例

情動性	憂うつになりやすい 自分がみじめな人間に思える 物事がうまくいかないのではと心配する
外向性	大勢でわいわい騒ぐのが好きである 人の上に立つことが多い スポーツ観戦で我を忘れて応援することがある
統制性	よく考えてから行動する 几帳面である まじめな努力家である
愛着性	誰に対しても優しく親切に振る舞うようにしている 人には温かく友好的に接している 人情の厚いほうだと思う
遊戯性	考えることは面白い イメージがあふれ出てくる 自分の感じを大切にする

9.3　パーソナリティと遺伝と環境

　自分や自分の兄弟が両親と似ていると言われることはないだろうか。たとえば、自分と父親はともに背が高く、髪の毛が茶色というような身体的な特徴を持つのであれば、「遺伝的な要因によって自分と父親は似ている」と考えるかもしれない。では、パーソナリティはどうだろうか。自分と母親はともにおしゃべりで、話し出したら何時間でも話していられるという特徴を持つとしたら、それは遺伝的要因によるものなのだろうか。それともよくしゃべる母親を見て育ったため(環境的要因)なのだろうか。はたまた、遺伝と環境の両方の影響によるものなのだろうか。心理学では、パーソナリティや知能に及ぼす遺伝的要因や環境的要因の影響について双子を対象に研究が行われている。

（1）双生児法

　双子を対象とした研究を双生児法とよぶが、なぜパーソナリティに及ぼす遺伝的影響や環境的影響を調べるために双生児法を用いるのだろうか。それは実験動物を用いた研究と異なり、人間を対象として実験的に遺伝情報を操作し、その影響を調べることは倫理的に許されないからである。また、観察によって遺伝の様子を調べようと思っても、それが遺伝の影響なのか、環境の影響なのかを判断することは難しい。そこで、ほぼ同じ環境で育つと考えられる双子を研究対象にする方法が発展してきた。それが双生児法である。

　双子といっても、2種類の双子があることを知っているだろうか。一卵性双生児と二卵性双生児だ。一卵性双生児は、もともと1つの受精卵が卵割の際に何らかの理由で2つの受精卵として分かれてしまい、そのまま2人の胎児として成長したものであるので、遺伝的にまったく同じといえる。一方、二卵性双生児は、たまたま受精卵が同時期に子宮内に着床し、そのまま2人の胎児として成長したものであるので、2人は同時期に生まれる兄弟と同じである。

　一卵性双生児はまったく同じ遺伝情報を持つ。つまり100%同じ遺伝子を共有しているが、二卵性双生児は確率的に約50%同じ遺伝子を共有していると考えられる。しかも、環境的には、一卵性双生児も二卵性双生児も、何か特別なことがなければ、同じ両親に育てられ、同じ兄弟構成で育ち、同じ家に住み、同じ学校に通うだろうから、環境から受ける影響はほぼ同じと考えられる。双生児法を用いたパーソナリティ研究では、一卵性双生児と二卵性双生児を対象に双生児ペアの類似度を比較し、パーソナリティへの遺伝と環境の影響について検討しているのだ。

　双生児法を用いて、ビッグ・ファイブ・モデルの5つのパーソナリティ特性の類似度を比較した研究があるが、「神経症傾向」「外向性」「開放性」「調和性」「誠実性」のいずれにおいても一卵性双生児の方が二卵性双生児よりも類似度が高いことが報告されている(Shikishima, *et al.*, 2006)。

　前述のとおり、双生児は一卵性双生児も二卵性双生児も双生児ペア間で環境はほぼ同じと考えられるので、これらの類似度の差は親の育て方とか、食べ物のような育った環境の要因とは考えにくく、遺伝的影響の差と考えられ

るだろう。ただし、もしパーソナリティ特性が遺伝の影響だけで決まるのであれば、遺伝的に100%同じ一卵性双生児のパーソナリティ特性の相関係数は1.0になるはずである。しかし、双生児ペアの類似度は高くても0.5程度の相関係数であり、1.0ではない。

　実は、パーソナリティ特性に及ぼす遺伝の影響は、双生児に共有される家庭環境の影響(共有環境)よりは強いといえるものの、それ以外の要因、つまり遺伝的影響と共有環境以外の要因によって影響を受ける。これは双生児ペアのそれぞれが独自に体験した出来事、接した人、経験などの非共有環境とよばれる要因である。双生児といえども、友人との会話内容は異なるだろうし、相手から言われた言葉も異なるだろう。出かけた場所でたまたま経験した出来事も異なるかもしれない。それらをまとめて非共有環境とよぶ。

　パーソナリティ特性に及ぼす遺伝的影響、共有環境、非共有環境の影響を調べた研究では、パーソナリティ特性では約30～50%が遺伝による影響であり(図 9-4)、それ以外は非共有環境の影響であることが報告されている(敷島ら、2006)。つまり、パーソナリティ特性は、大部分が遺伝と非共有環境によって説明されるということだろう。

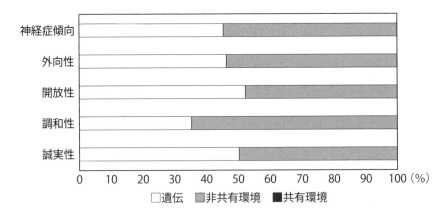

図 9-4　パーソナリティの遺伝要因と環境要因

敷島ら (2006) より一部改変

　さてここで、親と自分が似ている理由についてもう一度考えてみよう。よくしゃべる母とよくしゃべる自分、似ているのはどうしてだろうか。それは、よくしゃべる母親に育てられたからよくしゃべる子になるわけではなく、よくしゃべる母親から受け継いだ遺伝的な影響に加えて、しゃべることが楽しいというような独自の経験の積み重ねにより、おしゃべり好きのパーソナリティになったと考えられはしないだろうか。

第10章

パーソナリティ・テスト

　第9章では、パーソナリティについて勉強し、類型論や特性論によってパーソナリティが捉えられるようになったことを学んだ。この章では、特性論に基づいて作成された**パーソナリティ・テスト**について学ぶ。パーソナリティ・テストとは、パーソナリティを調べるための心理テストの一種である。みなさんは、心理テストについてどのようなイメージを持っているだろうか。自分の知らない本当の自分を教えてくれるようなイメージを持っている人も少なくないのではないだろうか。ここでは、パーソナリティ・テストについて学ぶとともに、心理テストに関するさまざまな問題点についても学ぶ。

10.1 心理テストとは

　パーソナリティ・テストとは、文字どおり、パーソナリティを調べるための**心理テスト**である。心理テストとは、心理検査とよばれることもある、人間の心を客観的に調べるための方法の1つである。以下のように、心理テストは、さまざまな領域でさまざまな目的のために使用されている。

　　医療　：　診断の確定、治療方針を決める、治療効果の測定など
　　学校　：　生活指導や教育的指導の方針を決めるなど
　　福祉　：　障害の程度を測定、支援方針を決めるなど
　　司法　：　刑の量定の参考にするなど

医療領域では、患者の病気や症状に対する治療方針を決め、効果的な治療を行うために心理テストを実施する。学校領域では、児童・生徒の成長にあった指導方針を決めるために心理テストが用いられ、福祉領域では、障害などの程度を見極め、どのような支援を行うことがよいのかを検討するために心理テストが実施される。司法領域では、犯行時の精神状態を理解したうえで、刑罰を検討する指針を得るために行われる。いずれの領域においても共通しているのは、テストを受ける人（被検者）の利益のために心理テストが実施されるという点である。

10.2 心理テストの特徴

心理テストにはさまざまな測定対象、形式、投影水準がある。

（1）心理テストの測定対象

測定対象とは、人間の何を調べるのか、ということである。パーソナリティ・テストはパーソナリティを調べるためのテストであるが、他にもさまざまな測定対象がある。

① パーソナリティ

心理テストの中では一番種類が多いのがパーソナリティ・テストである。パーソナリティ・テストについて後程詳しく説明する。

② 知能

知能とは何か、については多くの学説があり、未だ一定の答えはない。にも関わらず、現時点で数多くの**知能テスト**が作成され、使用されている。心理テストは、1905 年にフランスの発達心理学者であるビネーが「ビネー式知能テスト」を発表したことに始まる。つまり、いちばん最初に作成された心理テストは知能を測定するテストであったのだ。最近では、ウェクスラー式知能テストが使用されることが多いが、知能そのものというよりも、その人が持つさまざまな能力のバランスを測定するために使用されることが多い。

③ 精神症状

　精神症状とは、焦燥感、不安感、抑うつ感などその人自身によって知覚される心身の変化のことを指すが、それらを測定する心理テストも存在する。抑うつ感や不安感などの精神症状を測定するための心理テストは、医療領域などで症状を客観的に把握するために使用されることが多い。また、治療効果を測定するために、治療前から治療後にかけて継続的に心理テストを実施し症状を測定することもある。

④ 発達状態

　発達に関する心理テストは、子どもの発達段階のレベルを調べるために使用される。基本的に発達段階はみな同じ順序で進むと考えられる。たとえば、生まれてすぐに立ち上がり、その後ハイハイをする子どもは存在しない。どんな子であれ、生まれてすぐは自分の力で身体を動かすのも難しいが、徐々に自分で自分の頭を支えられるようになる。そのうちお座りができるようになり、寝返りやハイハイができるようになる。つかまり立ちをし、その後歩くようになる。この発達段階は全員が同じ順序で進む。しかし、1歳そこそこで歩くようになる子もいれば、2歳になろうかというのになかなか歩かない子もいる。このように、発達の進度には個人差がある。発達検査では、この発達の順序をもとにテストを作成し、その子の発達状態がどの段階に相当するのかを調べるのだ。

⑤ 行動、社会性、関係性

　心理テストの中には、その人の行動の特徴や社会や周囲との関係性を測定するものも存在する。たとえば、親切行動や被服行動を調べるための心理テストや、親子関係や友人関係に対する満足度を測定するような心理テストなどがある。

⑥ 適性

　職業適性に関する検査などが、これに含まれる。さまざまな職業と関連するような興味・関心をどの程度持っているのかを測定することで、職業適性を明らかにする。

⑦ 精神的機能

　精神的機能とは、記銘力や知覚の鋭敏さなどを指す。短期記憶を測定するための尺度である、ウェクスラー記憶尺度などはこれに当てはまる。脳機能を測定する目的でこれらの尺度が使用される。

（2）心理テストの形式

　心理テストというと、紙に印刷された質問事項に回答していくようなイメージを持っている人も多いかもしれない。このような心理テストは**質問紙法**とよばれる。質問紙法以外には、面接法や観察法、作業法がある。

　質問紙法は、紙に印刷された質問項目に回答するだけなので、気楽に回答しやすいという利点がある。しかし、質問項目が何を測定しようとするのかを推測されやすく、被検者が回答を偽ることも簡単にできる。たとえば、就職試験の際に実施された心理テストに「あなたは嘘つきですか」という質問項目があったとする。就職試験ということを考えれば、実際はよく嘘をつく人であっても、正直に「はい」と回答する人はいないだろう。このように質問紙法では、何を測定しようとしているのかを見抜かれやすく、被検者が回答を偽ることが容易にできるのだ。

　この点において、面接法では、目の前に検査者がいるために被検者は回答を偽りにくいかもしれない。ただし、検査者の態度が回答に影響を与える可能性もある。検査者の態度があまりにも圧迫的であれば、被検者は検査者の意に添うように回答するかもしれない。

　観察法では、検査者が被検者の行動などを観察し、評定する。乳幼児のように、文字の読み書きを用いる質問紙法を使うことも、面接法において会話によって評定することも難しい対象には、よく用いられる方法である。対象児の目の前におもちゃを置き、おもちゃに興味を示すか、おもちゃを手に取ることができるかなど、行動を観察し、評定する。発達検査などではよく用いられる形式である。

　作業法というのは、ある一定の作業を課し、その作業量によってパーソナリティなどの評定を行う心理検査である。

（3）心理テストの投影水準

　投影水準とは、意識の水準を意味する。質問紙法などは、質問項目を読み、その意味を理解し、それに対して自分でイメージしている自分について回答するという点で、意識の表層領域における回答となる。一方、意識の深層領域を測定する心理テストも存在する。ロールシャッハ・テストに代表される心理テストである(図 10-1)。これらの心理テストでは、曖昧な刺激に対する反応に被検者の無意識過程が投影されるため、投影法とよばれる。

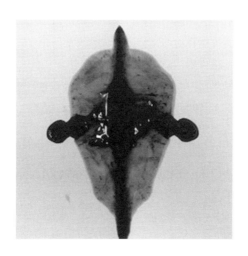

図 10-1　ロールシャッハテストの模擬図版の例

10.3 パーソナリティ・テスト

　すでに述べたとおり、心理テストの中でも、パーソナリティを測定するための質問紙法、面接法などを用いた心理テストは数多く存在する。この章では、質問紙法を用いたパーソナリティ・テストをいくつか紹介しよう。

（1）ミネソタ多面人格目録（Minnesota Multiphasic personality inventory）

　1943 年精神科医のマッキンリと心理学者のハサウェイにより考案された質問紙である。もともと、その当時に行われていた精神医学的診断が曖昧であったため、それらを客観化するために作成されたという経緯を持つ。当時問診で使用されていた項目や、医学書や他の心理テストから集められた 1000 項目を精査し、最終的に残った 550 の質問項目で構成されている。心気症傾向や抑うつ性傾向など 10 種類の臨床尺度と、3 種類の妥当性尺度で構成される、多面的な領域を測定可能なパーソナリティ・テストである。

（2）矢田部・ギルフォード性格検査（YG 性格検査）

　ギルフォードが開発した 3 種類のパーソナリティ検査から項目を選択し、矢田部達郎らが日本人向けに改定したものである(辻, 1982)。特性論に基づくパーソナリティ検査としては古い歴史を持ち、わが国ではよく使用される。抑うつ性や協調性など、日常の行動傾向や態度に関する 12 領域に関する 120 項目によって構成されている。12 領域の得点を折れ線グラフ化することで、類型としてパーソナリティを捉えることもできる。

（3）ＮＥＯ-ＰＩ（NEO Personality Inventory）

　ビッグ・ファイブ・モデルに関する 1985 年の一連の研究に基づいてコスタとマックレーが開発したパーソナリティ・テストである。研究の初期には、神経症傾向（Neuroticism）と外向性（Extraversion）、開放性（Openness to absorbing and self-altering experience）を測定する項目のみであったため、頭文字をとってＮＥＯと名付けられたが、その後、誠実性（Conscientiousness）と調和性(Agreeableness)に関する項目が追加され、現在では240項目で構成されている。

NEO-PI は、青年期から老年期までの幅広い層を対象として使用されることを意識して作成されており、パーソナリティの生涯発達的研究を視野に入れたパーソナリティ・テストと言える。

（4）心理テストの解釈

心理テストの解釈の際には、さまざまな要因が結果に影響を与えること、そして、心理テストの結果の解釈に高度な技術が必要とされることを理解してほしい。

まず、さまざまな要因が結果に影響を与えることについては、心理テストの形式について思い出せば理解が容易であるかもしれない。質問紙法の心理テストでは、被検者による影響が結果に反映されやすい。一方、面接法では検査者による影響も結果に反映されやすいだろう。それらに加えて、心理テストを受けた環境の影響も考慮しなければならない。夜に書いた手紙を翌朝読み直すとあまりに感情的な文章で恥ずかしい思いをするというのはよく聞く話だが、これは心理テストも同じである。朝一番で心理テストを受けるのと、夕方に受けるのでは異なる状況の影響を受けるかもしれない。このように、被検者がどのような環境や状況、または心情で心理テストを受けたのかといったことも、結果に反映されていると考えるべきだろう。

次に、心理テストの解釈には高度な技術が求められるという点についてである。実際に心理テストの解釈まで自分でやってみるとその難しさが理解できるだろう。

心理テストを実施したからといって、被検者のすべてがわかるわけではない。心理テストの結果は通常、数値化されたデータとして得られる。それを解釈するのが検査者の役割になる。検査者は、心理テストの結果だけを解釈するのではなく、被検者の心理テストへの取り組みの様子やそのときの印象などの観察から得られた情報と、対人関係や生活史などの観察以外から得られた情報とを併せて解釈する。しかしときに、得られた情報間に齟齬が生じることもある。目の前の被検者を観察すると、にこにこと愛想がよく、柔和な物腰であるのに、心理テストでは、「敵対心が強く、攻撃性が高い」という結果になった場合、結果をどう解釈すればよいのだろうか。自分の観察から得ら

れた情報は間違っており、心理テストの結果が正しいと考えてよいのだろうか。それとも、心理テストの結果が誤りであると考えるべきなのか。得られた結果に不協和が生じている場合には、なぜ情報が一致しないのかをも含めて解釈することになる。

　このように、さまざまな方向性を持つ数多くのデータを総合的な視点から分析し、それらのデータに一貫性を持たせるような解釈を導き出すことこそ、検査者の仕事であり、それらが十分にできるようになるまでにかなりの研鑽が必要とされるのだ。

（5）心理テストの留意点

　心理テストの実施や解釈の際にいくつか気をつけなければならない点がある。その点について触れておこう。

　心理テストは、思った以上に被検者に身体的かつ精神的負担を強いるものである。そのため、必要な情報を効率よく、かつ被検者の負担をできるだけ減らせるようにさまざまな種類の心理テストを組み合わせて使用することが求められる。これを**テストバッテリー**とよぶ。心理テストの目的は、被検者の問題解決や治療のために有益な情報を得ることにあるため、安易な異常性の判断や知能の評価など、検査者の興味や関心だけに基づいて心理テストを実施してはならない。

　また、心理テストを実施する場合には、結果に影響を与えない範囲で、心理テスト実施の目的や実施に要する時間とその内容について説明をすることが必要である。このような説明があることで、被検者は安心して心理テストに取り組むことができるようになる。特に面接形式の心理テストでは、検査者と被検者間に信頼関係が形成されたうえで心理テストを実施するのが望ましい。

　心理テストの結果を解釈する際には、認知バイアスにも注意が必要かもしれない。みなさんは、バーナム効果とよばれる認知バイアスを知っているだろうか。誰にでも当てはまるとされるパーソナリティを心理テストや占いの結果として提示すると、その結果は自分に当てはまると判断されやすくなるのである。スナイダーら(1976)の実験では、「あなたは他人から好かれ、賞賛

されたいと願っています」、「あなたはときとして外向的で、愛想がよく、社交的であり、またときとして内向的で、用心深く、内気になります」のような誰にでも当てはまるパーソナリティが書かれた文章を以下の 4 つの結果として被験者に提示し、それらが自分に当てはまるかどうかを評定させた。

    A：心理テストの結果
    B：筆跡鑑定の結果
    C：占星術の結果
    D：一般の人に当てはまるパーソナリティ

その結果、A〜Cはいずれも「当てはまる」と回答した人が多かったが、Dについては「あまり当てはまらない」と回答した人が多かった。

この結果からわかることは、私たちは、「これはあなたのパーソナリティです」と言われると、自分に当てはまると思い込みやすいということである。心理検査の結果を受け取ると、自分の普段の行動とは異なるように思っても、自分の結果として受け入れやすい。心理テストの結果は本当の自分を反映しており、普段の自分と感じているのは、偽りの姿なのだと思い込むのかもしれない。

このような認知バイアスは、自分の行動にも影響を与えることが明らかにされている。坂元ら(1995)の研究では、心理テストといわゆる心理占い(図 10-2)の結果のフィードバックが、自己イメージや行動に影響するかどうかを検討している。

被験者の半分であるAグループには心理テストを受けさせ、残りの半分の被験者であるBグループには心理占いに回答させた。そして、A グループのさらに半分には、「あなたは外向的である」という偽の結果を返し、残りの半分には「あなたは内向的である」という偽の結果を返した。Bグループも同様に半分には外向的、半分には内向的という偽の結果を返した。興味深いのは、心理テストを受けたAグループでも、心理占いに回答したBグループでも、「外向的」という結果を返された人は、「内向的」という結果を返された人よりも、「自分は外向的である」と考え、初対面の人に対してより外向的な行動をとったという点だろう。偽の結果を自分の本当の姿と思い込み、その結果と一

致するような行動をとったというのだ。

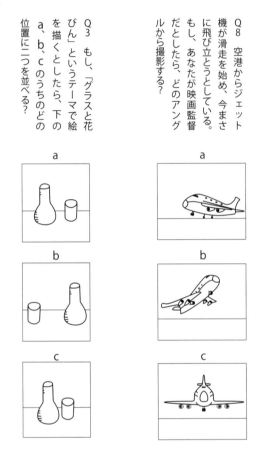

Q8　空港からジェット機が滑走を始め、今まさに飛び立とうとしている。もし、あなたが映画監督だとしたら、どのアングルから撮影する?

Q3　もし、「グラスと花びん」というテーマで絵を描くとしたら、下のa、b、cのうちのどの位置に二つを並べる?

図 10-2　坂元ら(1995)の実験で用いられた心理占いの例

坂元ら (1995) より引用

　心理テストは真実を明らかにすることができる魔法の鏡ではない。心理テストから得られた情報の断片を組み立てるのは検査者であり、結果の解釈には高度な技術が必要となる。たとえ、検査者が正確に結果を解釈できたとしても、心理テストでわかることは、目の前の被検者のほんのわずかな領域だけである。しかし、心理テストには限界があることを理解しつつ、その結果を

正しく利用する場合には、被検者にとって有益な情報を提供できる便利な道具となるだろう。この章で心理テストについて学んだ皆さんは、ぜひ心理テストを有効に活用してほしい。

第11章

対人魅力

　みなさんは、そろそろ大学生活に慣れただろうか。数か月前を振り返り、大学に入学したばかりの頃を思い出してほしい。ほとんど知っている人がいない中で、不安を抱えながら一から友人作りをしてきたのだろう。今一緒にいる友人とは、どんなきっかけで仲良くなったのだろうか。友人のどこが仲良くなる決め手だったのだろうか。「たまたま学籍番号が近かったから」、「スポーツ観戦の趣味が同じだったから」などさまざまな理由があるだろうが、「あの人と仲良くなりたい」と思われたり、肯定的な関心を向けられることを、心理学では**対人魅力**とよぶ。人は他者のどのような特性に魅力を感じて仲良くなるのだろうか。この章では対人魅力や対人関係を維持させる要因について学ぶ。

11.1　対人魅力の要因

　対人魅力の要因についてはさまざまなものがあるが、その一部を紹介しよう。

（1）親近性
　まずは、相手との物理的距離が単に近いことが対人魅力の要因としてあげられる。大学に入って、学籍番号が近いという理由で友人と仲良くなることはよくあることだ。大学では、学籍番号によって座席が指定されている授業がある。席が近いために、自然と顔見知りになって挨拶を交わすようにな

り、いつの間にか仲良くなっていたのではないだろうか。

　新入生が大学の学生寮でどのように友人関係を形成するのかを調べた研究では、部屋が隣同士などで接触頻度が高いほど、友人になる可能性が高いことが報告されている(Festinger *et al.*, 1950)。

　この結果については、**単純接触効果**によって説明できるかもしれない。単純接触効果とは、単にその刺激を見たことがあるというだけで、まったく見たことのない刺激よりも好意を持ちやすいという効果である(Zajons,1968)。部屋が近い人とは顔を会わせる回数も自然と多くなるため、あまり顔を会わせたことがない人よりも、好意や親近感を持ちやすくなるのかもしれない。

（2）類似性

　服装や趣味、考え方など友人同士がよく似ていることがある。仲が良い者同士の雰囲気が似ているのはどうしてだろうか。それは態度の類似性で説明できるだろう。心理学では、人が経験に基づいて獲得した信念の中でも、「良い―悪い」のように評価的または情動的側面を持つものを**態度**とよぶ。もちろん態度は、行動の決定に対して大きな影響を及ぼすと考えられる。態度の類似性と好意との関係を調べた研究では、相手の態度が自分と類似しているほど、相手に好意を持ちやすいことが示されている。

　学生を対象に行われた実験では(Byrne & Nelson, 1965)、授業の最初に学生サークル(たとえば「私は、現在の学生サークルの制度については非常に反対だ」)や学生結婚(たとえば「学生が結婚することには、非常に賛成だ」)など、さまざまな事柄に対する態度についての調査が行われた。実験ではこの調査結果を基に、研究者が架空の人物の回答票を作成するのだが、回答票は被験者の回答とまったく逆のもの(一致率 0%)、やや違うもの(一致率 33%、50%、67%)、まったく同じもの(一致率 100%)というように一致度を変化させた数種類の偽の回答票が作成された。この偽の回答票を被験者に「あなたが会ったことのない学生が回答した結果」として提示し、回答票を見ながらその人物の適応性、魅力度などについて回答を求めた。その結果、図 11-1 のように、類似度が高いほど相手の魅力度も高く評価されていた。この研究から、私たちは自分と意見や考え方が似た人に好意を抱きやすいことがわかる。

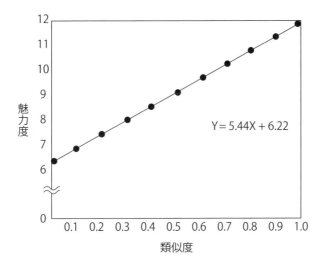

図 11-1　類似度と魅力度の関係

Byrne & Nelson (1965) を一部改変

　ではなぜ、自分と似た人を好きになるのだろうか。この点については**認知的バランス理論**(Hider, 1958)で説明できる。P を自分、O を相手、X を 2 人の間の話題とし、それぞれ矢印の下の符号が＋であれば好意、－であれば嫌悪だと考えると、次の例は図 11-2(a)のように表すことができる。

　「自分は、スポーツ観戦が好きで相手もスポーツ観戦が好きである。そして、自分と相手はともに仲が良い。」

　POX の関係は、3 つの符号を掛け合わせたときに＋になれば、認知的バランスが取れている状態と考えられる。この場合は、3 つの符号を掛け合わせると＋となるためバランスが取れている状態である。では、次の例はどうだろうか。

　「自分は、スポーツ観戦が好きではない、相手はスポーツ観戦が好きである。そして、自分と相手はともに仲が良い。」

　この場合には符号を掛け合わせると－となり、バランスが取れていない状態である(図 11-2(b))。この状態は不安定であるために、図 11-2(c)または図 11-2(d)のいずれかバランスが取れている状態に移行すると考えられる。

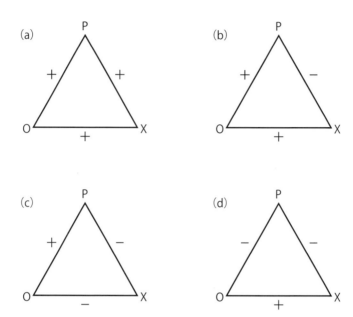

図 11-2　認知的バランス理論

Heider (1958)

（3）外見的魅力

　自分の見た目をこれまでに気にしたことがないという人はいないだろう。見た目の良さは外見的魅力とよばれ、心理学では外見的魅力も対人魅力の要因の 1 つであることが確認されている。

　ウォルスターらは、新入生歓迎ダンスパーティを使って、異性への魅力やデートに誘う行動に関わる要因を調べている(1966)。実験では、ダンスパーティのパートナーはコンピューターによってマッチングされると宣伝して参加者を集め、参加を希望してやってきた学生を被験者とした。参加希望者はチケットを購入しに来た際に、身長、年齢、宗教、自己評価などさまざまな質問項目に回答するように求められた。

　このとき、男女 2 名ずつの係員がその場にいたのだが、この係員は実は、パーティーへの参加希望者の容姿を密かに評定する役割を担っていた。パー

トナーとのマッチングも実際にはでたらめで、コンピューターによるマッチングではなく、くじで適当に決められた。そうとも知らない参加者は、選ばれた相手とダンスパーティに参加した。ダンスパーティの休憩時間には、短いアンケート調査が実施され、「パートナーにどれくらい好意を感じているか」、「今後デートを希望するか」などが調べられた。

　この結果、男女のいずれもが、外見的魅力の高い相手と再びデートしたいと回答しており、成績やパーソナリティなどとは関係が見られなかったのだ（表 11-1）。実際、実験の半年後の調査では、外見的な魅力の高い女性ほど、パートナーであった男性からデートに誘われていたことが明らかとなった。この研究からわかるのは、少なくとも出会って間もない時期には、外見的魅力が高いほど他者から好意を寄せられやすいということだろう。

表 11-1　ダンスパーティでの相手への好意度との相関

	男性	女性
成績の順位	-. 18*	-. 07
テストの成績	. 04	-. 05
社会的関係性	-. 11	-. 18*
性度	-. 12	-. 10
社会的内向性	-. 10	-. 08
自己受容	. 14*	. 03
外見的魅力	. 36**	. 44**

(注) *p ＜ .05，**p ＜ .01

Walster *et al.*, (1966), 松井 (1993) を一部改変

（4）パーソナリティ

　「確かに外見的魅力は大切だが、やはり人間は中身で勝負だ」と考える人もいるだろう。どんなに見た目が美しくても、パーソナリティが悪ければ人には好かれない。

　では、人から好かれるパーソナリティとは一体、どのようなパーソナリティだろうか。青木は、大学生と社会人を対象に、400 語以上のパーソナリティ語が望ましいかどうかについてアンケート調査を行っている(1971)。
　その結果(表 11-2)、好かれるパーソナリティとしては、「親切」や「優しい」などがあげられている。同様の調査は国内外で行われているが、同じような結果となっていることから、好かれるパーソナリティには、国境や時代、文化はあまり関係ないのかもしれない。

表 11-2　好かれるパーソナリティ

1．親切
2．優しい
3．頑張り屋
4．朗らか
4．明るい
4．責任感がある
7．努力家
8．寛大
8．粘り強い
8．責任をとる
8．落ち着きがある
8．ファイトがある
8．一生懸命な

青木 (1971) を一部改変

（5）自己開示

　自己開示とは、自分のことを他者に話すことだが、深い自己開示をよくする人ほど他者から好かれやすいことが知られている。天気の話は相手が誰であろうと皆に共通の話題であるため、相手を問わず気軽に話すことができるだろう。

しかし、対人関係や将来のことに関する悩みはどうだろうか。これらの個人的で深い話は誰にでも話せるものではない。このような話は一般的に相手を選んで開示される話題であろう。そして、そのような個人的で深い話題を相手が自分に話すとき、聞き手は、「自分のことを信頼しているからこのような話をしてくれたのだ」と自己開示の原因を自分に帰属することが多いようだ。

「相手が自分を信頼してくれた」＝「自分に好意を寄せてくれた」と考えると、聞き手は話し手に対して同じように好意を向けるようになる。このように、深い自己開示を行うことは、相手から好意を引き出す要因の 1 つとなるのだ。

（6）帰属錯誤

「吊り橋効果」という言葉を聞いたことがあるだろうか。高い崖の上に架けられた吊り橋を渡っている最中に出会った異性に対して、恋愛感情を持ちやすくなるとされる効果である。

これはダットンとアロンによって実際に行われた実験(1974)が基になっている。実験では、渓谷に架けられた歩くと揺れるような不安定な吊り橋上に女子学生が立っていて、やってきた若い男性に「私は心理学のゼミで自然景観と創造性の関係について研究しています。協力していただけませんか。」と声をかける。声をかけられた大半の人は協力してくれる。簡単な作業をしてもらった後に、「今は時間がないので研究について詳しくお話できませんが、もしこの研究に興味があればいつでも説明しますので、都合の良いときに連絡をください。」と電話番号のメモを渡す。同じ手続きの実験を、渡っても揺れない固定された別の橋の上でも実施し、後日連絡してきた男性の数を調べた。

その結果、吊り橋でメモを渡された男性の半数が後日連絡してきたが、固定された橋では電話をしてきたのは約 10%のみであった。これは、吊り橋を渡る人の体内では、不安や恐怖のために生理的な変化(心拍数の上昇など)が生じており、その生理的変化を「相手のことが好きなのでドキドキしているのだ」と誤って帰属することによって生じると考えられる。

11.2 対人関係の維持要因

他者と知り合い、仲良くなった後は、相手と関係を続けていくことが対人関係上の課題となる。対人関係がどのようにして維持されるのかについては、社会交換理論で説明できる。

社会交換理論では、対人関係を資源交換の場と捉え、相手と仲良くすることで得するのか(報酬)、または損するのか(コスト)の視点で考える。報酬とは、具体的には相手とのやり取りの中で自分の欲求が満たされる、自分の価値が高められる、相手から賞賛を得られるなど、相手から好意や愛情などを得ることを指す。「クラスの中で目立つ A さんと一緒にいると、自分もクラスで目立ち、重要な人物のように感じられるのでうれしい」といった場合には、相手との関係の中で報酬を受け取っていると考えられる。

反対に、相手のために使う時間や労力などはコストとよばれる。具体的には、「テスト前になると、A さんから授業のノートやプリントなどを見せてほしいと頼まれることが多く、自分の勉強がなかなかできない」という場合は、コストを支払っていると考えられる。

対人関係の中で受ける報酬がコストを十分に上回っている場合には、その関係に満足し、関係は維持、発展していくと考えられる。しかし、コストの方が報酬を上回り、自分の方が犠牲を払っていると感じられるのであれば、その関係に対して不満を持ち、関係は停滞し、場合によっては破綻すると考えられる。

社会交換理論に含まれるモデルはいくつか存在し、何によって報酬を得ているのか、コストを支払っているのかなどモデルごとに多少の違いがみられる。ここでは、社会交換理論の中でも、衡平モデル、投資モデル、そして互恵モデルの 3 つを紹介する。

（1）衡平モデル

衡平モデルとは、対人関係の中で支払うコストと報酬とが釣り合っているときに、一番関係が長続きするとされるモデルだ。自分の方が相手に比べてコストを払いすぎている場合には、相手に対して怒りが生じるかもしれない。

反対に、相手の方がコストを払いすぎている場合には、相手に負い目を感じるかもしれない。よって、コストと報酬のバランスが取れていないときには、関係性は長続きしないのである。

恋愛関係にある男女を対象に、衡平モデルを検討した研究では(井上, 1985)、恋人に比べて自分の報酬が「やや多い」と回答したグループが最も2人の関係について満足しており、「かなり少ない」や「かなり多い」のように、相手と自分のコストと報酬のアンバランスさが大きいと回答したグループほど、関係性に対する満足度が低かったことが報告されている(図11-3)。

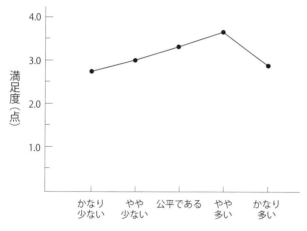

図 11-3　恋愛関係における報酬と関係満足度

井上 (1985)

（2）投資モデル

投資モデルとは、対人関係において支払うコストと報酬を比較して、報酬がコストを上回ればその関係性に満足し、その関係を続けようと思うが、関係からの報酬は個人内の基準に照らし合わせて満足かどうか決められる、というモデルである。

しかも、関係に満足しているとしても、より魅力的な相手が見つかれば、今の関係性を解消し、より魅力的な相手との関係の方を継続しようとするのだ。たとえば、長年仲良くしている友だちがいるとする。その友だちは優しくて、

どんなときも自分に味方してくれる友人である。周囲を見ても、自分のように相手に尽くしてもらえる友人関係を築いている人はいないために、自分としてはその友人との関係に満足していた。

　ところが、大学に入ると、自分の知らない音楽などに詳しい友人ができた。その友人といると、とても刺激的で毎日楽しい。そこで、以前の友人と過ごすよりも、新しい友人とより親密になり一緒に過ごす時間が増えるような場合には、投資モデルで説明できるだろう。

（3）互恵モデル

　私たちには、相手に好意を抱かれると、相手に対しても好意を抱きやすい傾向がある。今まで何とも思わなかった友人 A が自分のことを高く評価しているということを聞くと、それまでまったく考えたこともなかったのにも関わらず、「A さんはいい人だな」と好意を抱くことがある。これを互恵性とよぶ。**互恵モデル**では、片方が相手に報酬を与えると、もう片方も報酬をお返しすることによって、最終的に両者が得る報酬が等しくなることを指す。

　以上のように、対人関係の維持について、コストや報酬という視点から説明してきたが、自分の対人関係を振り返り、親密な対人関係が築けている場合と、そうでない場合について、前述のモデルで説明できるかどうか考えてみてほしい。

第12章
ソーシャル・サポートと
援助行動

「情けは人の為ならず」ということわざの意味を知っているだろうか。これは、「人に情けを掛けておくと、巡り巡って結局は自分のためになる」という意味である。よく「人に情けを掛けて助けてやることは、結局はその人のためにならない」と意味を勘違いしている人がいるので注意してほしい。この章では、「情け」つまり他者への親切行動や援助行動を学ぶ。

ここ数年大災害が続き、災害ボランティアという言葉も定着してきた感があるが、ボランティアとして被災地に駆けつける人は、決してことわざのように他者を助けることが最終的に自分の利益につながるからボランティア活動をしているわけではないだろう。私たちはなぜ他者を助けようとするのだろうか。心理学的な視点から考えてみよう。

12.1 ソーシャル・サポートとは何か

ソーシャル・サポートの概念が登場した背景には、ソーシャル・ネットワーク研究やホームズとレイ(1967)のライフイベント研究、キャプラン(1974)による地域精神医療における予防的介入に関する研究がある。

たとえば、ソーシャル・ネットワークの研究では、バークマンとサイム(1979)の研究がもっとも有名だろう。彼らは、アメリカで30歳から69歳までの男女4,725名を対象に9年にわたる追跡調査をした。彼らの研究によって明ら

かになったのは、男女ともに家族や友人、教会などの集団に所属し、他者と交流が多い（ソーシャル・ネットワークが広い）人ほど、死亡率が低いという結果であった(図 12-1)。つまり、私たちを取り巻く対人関係が私たちの健康維持やその増悪に関与しているのだ。この結果は当時、多くの研究者に衝撃を与えたのは言うまでもない。

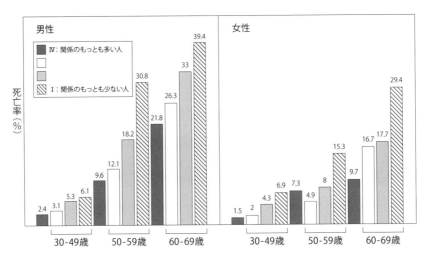

図 12-1　ソーシャル・ネットワークと死亡率

Berkman & Syme (1979)

　同様に、ホームズとレイ(1967)の研究でも、対人関係が健康に影響を与えることが指摘されている。彼らは、親しい人との死別などのライフイベントが健康悪化に関与することを明らかにしているが、そのリストを見ると、離婚や結婚など、その大半が対人関係に関するライフイベントであることがわかる(表 12-1)。

　一方、精神科医であるキャプランは、地域精神医療の視点から、対人関係の重要性を主張している。地域での精神衛生を維持し促進するためには、メンタルヘルスの専門家でない普通の人びととのつながりが重要である。なぜなら、そのような人びとは、一緒になって問題に取り組んでくれたり、お金や物、道具や技術を提供してくれたり、どのように考えればうまく対処できる

のかについてアドバイスをしてくれる。普通の人びとからのサポートがサポートを享受する人の心身の健康に影響を及ぼすのだとキャプランは述べている。

表 12-1　社会再適応尺度

ライフイベントの内容	影響度	ライフイベントの内容	影響度
1　配偶者の死	100	23　子どもが家を離れる	29
2　離婚	73	24　親戚とのトラブル	29
3　別居	65	25　優れた業績を上げる	28
4　留置所拘留	63	26　妻の就職や離職	26
5　家族の死	63	27　就学・卒業	26
6　自分のけがや病気	53	28　生活条件の変化	25
7　結婚	50	29　習慣を改める	24
8　解雇・失業	47	30　上司とのトラブル	23
9　夫婦の和解・調停	45	31　労働条件の変化	20
10　退職	45	32　引っ越し	20
11　家族のけがや病気	44	33　転校	20
12　妊娠	40	34　レクリエーションの変化	19
13　性的障害	39	35　教会活動の変化	19
14　家族構成員の増加	39	36　社会活動の変化	18
15　仕事の再適応（合併、合理化、破産など）	39	37　1 万ドル以下の借金	17
16　経済状態の変化	38	38　睡眠習慣の変化	16
17　親友の死	37	39　家族団らん回数の変化	15
18　転職や配置換え	36	40　食習慣の変化	15
19　配偶者との口論回数の変化	35	41　休暇	13
20　1 万ドル以上の借金	31	42　クリスマス	12
21　担保や貸付金の損失	30	43　些細な違反行為	11
22　仕事上の責任の変化	29		

　このように、ソーシャル・ネットワークやライフイベント研究、地域精神医療などのさまざまな文脈からソーシャル・サポートの概念が生まれたと考えられる。しかし、ここで問題が生じる。それは、それぞれの文脈において用いられた"サポート"の概念が曖昧であり、統一されたものではなかったことである。そして、続く研究においても、相変わらず明確な定義がないままに研究

が続けられているのだ。なぜなら、ソーシャル・サポートを明確に定義するのはとても難しいのである。

　たとえば、コッブ(1976)はソーシャル・サポートについて、①ケアされ、愛されている、②尊敬され、価値ある存在として認められている、③互いに義務を分かち合うネットワークの一員である、の 3 つのうち少なくとも 1 つ以上をその人が真実だと信じるような情報であると定義しているが、これは簡単に言えば、「サポートされていると感じる情報＝ソーシャル・サポート」ということになる。逆に言うと、同じ情報でもサポーティブと感じなければソーシャル・サポートではないということになる。

　稲葉ら(1987)が指摘しているとおり、多くの定義に共通する「・・・・についてサポーティブであるがゆえにソーシャル・サポートである」という形式は、循環的言明を含む。このような定義に従う限り、特定の情報、行動、ないし対人関係が、その人にとってサポーティブであるときに限り、それらはソーシャル・サポートになる。

　このようにソーシャル・サポートを厳密に定義するためには、サポートの送り手と受け手の意図や認識までを考慮して定義しなければならず、これらを明快に定義するのはとても困難な作業となる。結局のところ、研究者の立場によって異なる定義が提唱され、統一した定義が存在しないままになっている。定義については、「ソーシャル・サポートとは、その人を取り巻く重要他者によってもたらされるさまざまな援助の総称であり、それは援助を受ける人の健康維持や増進に大きな役割を果たす」といった大まかな合意があるにすぎないのが現状である。

12.2　ソーシャル・サポートと種類

　ソーシャル・サポートにはどのような種類があるのだろうか。ハウス(1981)は、ソーシャル・サポートを以下の 4 つに分類している。

（1）情緒的サポート
　情緒的サポートとは、相手に共感したり、愛情をかけるようなサポートで

ある。たとえば、友人が失恋したときには、あなたは友人を慰めるために何時間も話に付き合うかもしれない。これが情緒的サポートである。情緒的サポートとは相手の心が回復するのをそばで一緒に見守ることである。

（2）道具的サポート

　道具的サポートとは、お金や物、労力を提供することである。病気になり1週間ほど大学を休んだあなたに、友人が授業のノートをコピーして持ってきてくれたとする。これは友人から労力という道具的サポートが提供されたことになる。また、財布を忘れて昼食を食べることができない友人にお金を貸すのも道具的サポートである。

（3）情報的サポート

　情報的サポートとは、相手にとって必要な情報を提供することである。大学入学後にどの授業を履修しようか迷ったときに、先輩や友人から助言をもらうのは、先輩や友人からの情報的サポートを受けたことになるだろう。

（4）評価的サポート

　評価的サポートとは、その人の行動や業績に適切で肯定的な評価を与えることを指す。たとえば、上司が部下の提案した仕事のアイデアを認めることなどがこれに含まれる。

12.3　ソーシャル・サポートの効果

　ソーシャル・サポートを受けることによって、どのような影響があるのだろうか。いくつか研究を紹介したい。スピーゲルら(1989)は、数名からなる乳がん患者のグループが、毎週一緒に体調について話し合ったり、歌ったり笑ったりするように情緒的にサポートし合っていたところ、グループ以外の乳がん患者よりも長く生きたことを報告している。また、大学生を対象とした研究では、友人からのソーシャル・サポートが抑うつ傾向を低下させるとともに生きがいを高めることが明らかにされている(遠藤ら, 2015)。このように

ソーシャル・サポートは、心身の健康維持あるいは増進などのポジティブな
影響をもたらすと考えられる。

　しかしながら、ソーシャル・サポートは必ずしもいつもポジティブな影響
を与えるわけではない。ソーシャル・サポートが有効ではないときもあるの
だ。人を支えるということはとても複雑で曖昧な過程であり、サポートの送
り手が良かれと思ってとった行動が相手に不快感を与えたり、かえって状態
を悪化させてしまうことさえある。菊島(2003)は大学生を対象に、ソーシャル・
サポートのネガティブな効果について調査しているが、その中で、ソーシャ
ル・サポートの効果がネガティブとなる要因として、①援助者に関する要因
（例：援助者のサポートしてあげるという態度、問題をよく理解していない
援助者からのサポート、など）、②援助内容（例：実行不可能な助言、あるい
はわかり切った助言、など）、③被援助者に関する要因（例：被援助者の心理
状態や、被援助者がその問題について積極的に取り組もうと考えてない場合、
など）、④援助者と被援助者の関係性（例：身近で親密な関係にない援助者か
らのサポート）の 4 つの要因が存在することを明らかにしている。

　以上の点から考えると、ソーシャル・サポートは確かに心身の健康にとっ
て有意義ではあるだろうが、それでもサポートの送り手と受け手が置かれた
状況、心情や、問題への理解とその解決への動機づけなど、さまざまな要因を
考慮して慎重にサポートが行われなければその効果は期待できないだろう。

12.4　援助行動

　ソーシャル・サポートに類似したものに**援助行動**がある。援助行動とは、文
字どおり、他者に恩恵を与えることを目的に自発的に行う他者を助ける行為
である。道に迷っている外国人を見つけ、こちらから声をかけて道案内をす
るのも、重い荷物を持っている高齢者の荷物を持ってあげるのもみな援助行
動となる。援助行動によって、他者を助けるためにある程度の自己犠牲を払
うことになる。線路に落ちた人を助けるために、自らの命を顧みずに線路に
降りて人を助け、自分は命を落とすといったように、最悪の場合自分の命を

犠牲にすることさえあるが、それでも援助行動を行おうとするのはどうして
なのだろうか、考えてみたい。

　私たちが援助行動を行う要因について、いくつか研究されている。

（1）生物学的要因

　実は私たちには、困っている人がいたら助けたいという動機づけが生得的
に存在するらしい。1歳半の子どもが、他者ができない様子を見たときに、他
者を助けるために本を積み上げるのを助けたり、落としたものを拾う行動を
示すことが報告されており(Warneken & Tomasello, 2006)、すでに1〜2歳ごろ
には援助行動を行うことがわかる。しかも、援助行動におもちゃなどの報酬
を与えた場合には、援助行動が生じにくくなることから、援助行動は内的に
動機づけられた行動であり、私たち人間に生まれつき備わっている性質であ
ることがわかる。ではなぜ、ときに自己犠牲を伴う援助行動が生まれつきの
ものであるのだろうか。それは、進化心理学における**利他行動**によって説明
できる。利他行動とは、他者の利益となる行動を指す。自分を犠牲にして他者
を助ける利他行動は、直接的には自分の利益にならないが、種の保存という
観点から考えると自分が属する集団にとっては有益な行動となる場合がある。
特に、赤の他人よりも、親兄弟、子どもなど、自分と遺伝子を共有する他者に
対して援助行動が生じやすくなることからも、生物学的要因によって援助行
動が生起することは理解できるだろう。

（2）学習による援助行動

　「困っている人がいれば助けてあげなさい」という言葉を聞いて育った人は、
困っている人がいると「助けるべきだ」と考え、主体的に人を助けようとする
だろう。これは、「困っている人を助けなければならない」という集団や社会
における規範を私たちが成長過程の中で学習したからであろう。このように、
困っていたり、弱い立場の人に対して進んで援助行動を行うことは私たちに
課せられた責任であるという規範が内面化されると、報酬や罰がなくとも援
助行動は生起するだろう。

12.5 援助行動の抑制

　すでに学んだように、援助行動は先天的な要因、また後天的な要因によって生起する。ただし、援助行動が抑制される場合もある。援助行動の抑制に関する有名な研究を紹介しよう。

　ダーリーとラタネ(1968)は、大学生を対象に実験を行った。その実験では、被験者の学生が実験室に行くと、電話機が備え付けられている部屋に案内される。そして、自分と同じような被験者の学生が別の部屋にいるから、お互いに電話機を通じて相手と討論をするように言われる。そこで被験者は電話機を通じて相手と話を始めるが、話している最中に急に相手が苦しみ始める。相手が「発作が始まった、誰か助けてくれ、死にそうだ・・・」と叫んだのだ。その声を電話越しに聞いた被験者が部屋を出て、実験者に緊急事態だと報告に行くのかどうか、つまり援助行動が生じるかどうかを調べた実験である。

　実験では、2 人で電話討論する条件、3 人で討論する条件、6 名で討論する条件の 3 つの条件が検討された。その結果、緊急事態であることを実験者に報告した被験者の割合は、2 人条件では 100％であり一番多かった。そして、6 人条件では一番少なく 62％しか実験者に知らせるために部屋を出ようとはしなかった。2 人条件では、相手の危機状態を知ってから 1 分以内に約 80％以上が実験者に報告するために部屋を出た。これに対して、6 人条件では、1 分以内に部屋を出たのは 20％にも満たず、しかも、半数近くの被験者が結局報告に行かなかったのだ。なぜ人数が多くなるほど援助行動が生じにくくなるのだろうか。この結果については、相手と 2 人きりであれば、相手を助ける責任はすべて自分にあるが、6 人がその場にいたのであれば、その責任は分散されるためだと考えられる。「自分以外に 5 人もいたのだから、もう誰かが助けに行っているだろう」と思い、結局誰も助けに行かなかったのである。このように、自分以外にもその場に多くの人がいる場合に援助行動が抑制されることを**傍観者効果**とよぶ。

　傍観者効果に関する、ラタネとダーリー(1978)の別の実験を紹介しよう。先ほどの実験と同じように被験者は大学生である。集団討議のためということで実験室に行くと、実験室にはすでに自分と同じような被験者らしき学生が

座っている。集団討議開始まで３名（うち２人はサクラ）で待っていると、換気口から急に白い煙が出てきて部屋中に煙が充満する事態となる。普通なら火事などの緊急事態だと感じるだろう。実験では、このとき、被験者がどのように行動するのかを観察したのだった。あなたがこの状況に置かれたとしたら、どのように行動するだろうか。すぐさま部屋を出て実験者に緊急事態であることを知らせに行くだろうか。

　被験者１人で部屋で待っている条件では、その75％が実験者に知らせに向かった。しかし、自分以外の２人は、明らかに緊急事態であるにも関わらず平然とその場に座り続けていた条件では、被験者のうち、部屋を出て実験者に報告しに行ったのはたった10％に過ぎなかった。このように、緊急事態かどうかの判断には周囲の他者の行動や態度が大きな影響を及ぼすようだ。自分は緊急事態だと感じても、周囲の人たちが落ちついている場合には、緊急事態と大騒ぎすると恥をかくかもしれないので行動が抑制されるのだろう。

　災害時に、周囲の人びとが「この場所は大丈夫」と言って避難しないので、自分もその場にとどまり続け、命を落としたといった事例は数多くある。緊急事態かどうかの判断は周囲の人に従うのではなく、もし自分一人しかその場にいないのならどうするのか、という意識をもって判断するのが無難かもしれない。

第13章
他者の存在

　もうすぐテストがある。しかし、家で1人コツコツと勉強しようと思っても何となく気が乗らない。そんなとき、あなたはどうするだろうか。図書館に行って勉強するという人もいれば、カフェに陣取り勉強する人もいるかもしれない。このような経験をしたことのある人ならわかると思うが、人の出入りもあり決して静かという環境ではないのにも関わらず、人が多い場所で勉強すると案外はかどることがある。勉強するなら、静かで誰にも邪魔されない環境で1人でする方が集中できそうだが、周囲に誰もいない環境では、すぐに集中力が途切れて、スマートフォンをいじってみたり、音楽を聴いてみたりと勉強ははかどらないことも多いのだ。その点、周囲に人がいる場所では、人の目があるからこそ、机に向かうことができる。この章では、例のように他者の目が私たちの行動に与える影響について考えてみたい。

13.1　他者の存在

　私たち人間は社会的な動物であり、他者によってさまざまな影響を受けている。先に例示したように、他者がいるからこそ促進される行動もあれば、他者がいるからこそ手抜きをしたり、行動が抑制されることもある。他者が私たちに与える影響を考えてみよう。

（1）社会的促進
　他者の存在によって、行動が促進されることを**社会的促進**とよぶ。先の例

のように、他者がいる場所で勉強をするとはかどるというのはこの一例である。特に図書館や自習室などでは、他の利用者も自分と同じように勉強や調べ物をしている。このように同じ課題を遂行する他者が存在し、課題の遂行が促進される場合は共行為効果とよばれる。他には聴衆効果とよばれる効果も存在する。これは文字どおり、聴衆がいるほうがうまく遂行できることである。普段の練習では間違えてばかりでうまく演奏できなかったのに、発表会では一度も間違えずに楽器を演奏することができたなど、聴衆の存在が遂行を促進することもあるのだ。

（2）社会的抑制

　他者の存在が必ずしも課題の遂行を促進するわけではない。テスト中に先生が自分のすぐ後ろで自分の答案を見ている気配を感じると、多くの人は答案に記入するのを躊躇する。このように、他者の存在が課題の遂行を妨害することもあるのだ。キーボード入力を用いたシュミット(1986)の実験を紹介しよう。

　実験では、自分の名前をキーボードで入力するという単純で容易な課題Aと、自分の名前をコード化して入力するという複雑で難しい課題Bが用意された。そしてキーボード入力の際、被験者が1人で入力する条件1、実験室内に別の被験者が目隠しされヘッドフォンをして座っている条件2、実験者が被験者の肩越しに入力画面を見つめる条件3の3つの条件で被験者が入力し終える時間が測定された。図13-1を見てほしい。

　課題Aの入力時間について3つの条件を比較すると、条件3の実験者が入力画面を見つめている条件で入力を行うと入力時間が一番短かった。これは社会的促進によって説明される。しかし、課題Bについては、条件2や条件3よりも1人で入力する条件1の入力時間が一番短かった。つまり、簡単な課題を遂行する際には、他者の存在は課題の遂行を促進させるが、難しく習得が十分でない課題を遂行する場合には、他者の存在は課題の遂行を抑制することがわかる。なぜ課題が難しいと、他者の存在が課題の遂行を抑制するのだろうか。

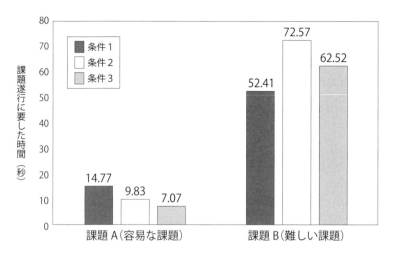

図 13-1　キーボード入力課題における他者の影響

Schmitt *et al.*,(1986) より作成

　ザイアンス(1965)によれば、同じ課題をやる人や観察者がそばにいる場合、その課題を遂行したいという動機づけが高まる。動機づけが高まると、その時点で生起しやすい行動はより促進される。この場合、容易で十分に学習された行動は生起しやすい。しかし、学習が不十分であり、課題の達成が見込めないような行動は抑制されやすい。つまり、練習段階でなかなか成功しなかった行動は生起しにくいのだ。この他には、単に他者が存在することが必要なのではなく、行為者が自分の行為が評価の対象であると不安を感じることが社会的促進の生起には必要である(Cottrel,1972)という理論などがある。

（3）社会的手抜き

　私たちは集団になると遂行効率が悪くなる、いわゆる“手抜き”をすることも知られている。たとえば、1 人でボール拾いをする場合には、50 球すべて拾い終わるのに 10 分しかかからないのに、5 人で拾う場合は 15 分かかったという場合など、集団になると遂行効率が下がることがある。このような**社会的手抜き**は個人の作業結果がわかりにくく、他者との貢献度の比較ができ

ない場合に起きやすいようだ。ラタネら(1979)の実験では、大学生を1～6人で防音室に入れ、大声を出したり拍手をするように求めたところ、一緒に防音室に入る人数が増えるほど、1人当たりが出す声や拍手の音量が低下したことが報告されている(図13-2)。

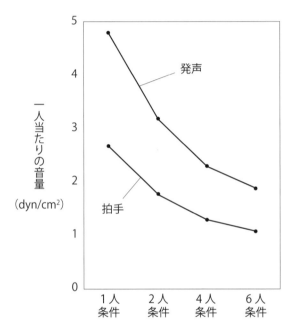

図13-2　集団サイズごとの社会的手抜き

Latane *et al.*, (1979)

　このような社会的手抜きには、個人個人がそれぞれどの程度、遂行に貢献しているのかわかりにくいことや、集団の雰囲気への同調、緊張感の低下などさまざまな要因が関与している。だが、集団になると常に社会的手抜きが生じるわけではない。社会的手抜きを生じさせないためには、各個人の貢献度を判別して評価することや、集団による課題達成の成果が各個人にとって意味を持つように課題の魅力を高めることが有効とされる。

13.2 他者の存在 ―同調と服従

（1）アッシュの実験

　アッシュ(1951)は同調について実験を用いて明らかにしている。アッシュが用いたのは、図13-3にあるような線分である。標準刺激と同じ長さの線分を比較刺激から選ぶという単純な課題であった。具体的には、図13-3のような刺激が被験者グループに提示され、そのうち正答と思うものを1人ずつ報告していくのだ。しかし実はこのとき、自分以外のグループのメンバーはみな実験協力者であったのだ。実験協力者はわざと解答を誤るように指示を受けている。

　たとえば図13-3の場合、正解はAであるが、被験者以外のメンバーはみなBと回答した。このような場合、被験者はどう回答するだろうか。明らかに正答はAなので、Aと答えるだろうか。それとも、あえて間違っているとわかったうえで他のメンバーと同じように、Bと回答するのだろうか。

　アッシュの実験では、被験者50名中、少なくとも1回以上誤答を報告したのは74%に上り、すべて誤答を報告した被験者は32%にものぼった。つまり、被験者の多くは、間違っているとわかっていながら、あえてグループに同調したのだった。

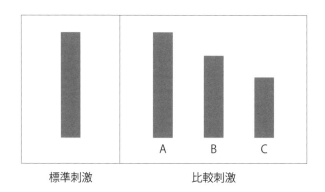

図13-3　実験で用いられた刺激の例

Asch (1951)

　ロスら(1976)によれば、これは課題が容易だからこそ同調が生じるようだ。容易な課題であれば普通なら正答を選ぶはずなのになぜ他のメンバーが正答を選ばないのか被験者は理解することができない。他のメンバーからすれば自分がなぜ正答を選ぶのかを理解できないのだろうと考えると、そのような状況で自分だけが他のメンバーと異なる回答をするとグループから排除されるかもしれない。そういった不安が同調への圧力となるのだ。実際、自分以外のメンバーが 1 人でも正答を回答した場合には、正答を報告する被験者の割合は増加したのだった。

　アッシュの実験で明らかとなったように、集団に属することによって私たちは容易に他人の下した判断に従うことがある。身近なところを見渡してみれば、よく理解できるだろう。本当は自分の考えは違うのだが、自分以外のグループのメンバーが賛成している案にはとりあえず賛成しておく、といったように、自分の意見を変えてみんなの意見に従うのは、グループの圧力による同調なのだ。

（2）権威への服従

　1961 年、アイヒマンは自らの戦争責任を問われる裁判において「私に責任はない、私はただ上官の命令に従っただけだ」と述べたことが知られている。アイヒマンとは第二次世界大戦中、ユダヤ人を大量に虐殺するためにアウシュヴィッツ強制収容所への移送を指揮した人物である。終戦後アルゼンチンに潜んでいたところを発見され、裁判にかけられた。翌年には死刑が執行されている。「上官から命令されたから数百万人の命を奪ったのであり、自分は命令された立場だからそれに服従するしかなかった」というアイヒマンの裁判での発言を知ると、彼は狂気じみた人物であり、自分とは違うのだと感じるかもしれない。でももしあなたがアイヒマンの立場であったら、上司からの命令を拒否することはできるだろうか。同じことを心理学者のミルグラムも感じたようだ。彼はアイヒマンの裁判に興味を持ち、権威への服従について実験を行った。

　ミルグラム(1974)は、「学習に及ぼす罰の効果を調べる研究」として新聞に被験者募集の広告を出した。募集に応じてやってきたのは一般の市民だった。

実験では、2名の被験者のうち片方が教師役、片方が生徒役とされたが、実際には生徒役の被験者はミルグラムの実験協力者であった。実験では生徒役は暗記学習を行い、それに間違えると教師役の被験者は、図13-4のように実験者から生徒役に電気ショックによる罰を与えるように指示された。

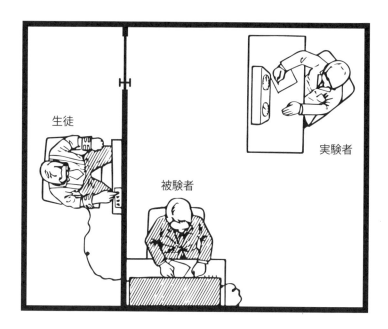

図13-4　アイヒマン実験の実験室の配置

Milgram (1974)

　電気ショックは30ボルトから450ボルトまで、1問間違えるたびにより強い電気ショックを与えなければならない。生徒役は電気ショックの罰を受けるたび（実際には電気ショックは与えられていない）、悲鳴を上げたり、「助けてくれ」と懇願するふりをした。教師役がこれ以上実験を続けられないと申し出ると、実験者は「続けてください。続けることが絶対に必要です」のように教師役を説得した。それでも教師役が実験を続けることを拒んだ場合には、実験を終了とした。

　このように、まさに上司から他者を虐待せよという命令が下されたときに

どう反応するのかを明らかにする実験をミルグラムは行ったのだった。あな
たが被験者なら、実験継続を拒否できるだろうか、それとも実験者の指示に
従い電気ショックを与え続けるだろうか。結果は、すべての被験者が 300 ボ
ルトまで電気ショックを与え続け、65％の被験者が心理的葛藤を示しながら
も実験者の指示に従い最大の 450 ボルトまで電気ショックを与え続けたのだ
った（図 13-5）。

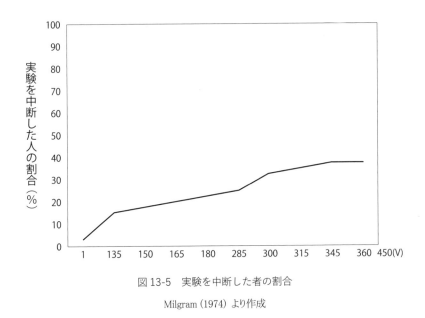

図 13-5 実験を中断した者の割合

Milgram (1974) より作成

　驚くべき実験結果について、ミルグラムは代理状態という概念を用いて説
明している。代理状態とは、自分の目的ではなく他者の要求を実行する代理
人であると自分を捉えることである。代理状態になると、命令を下す人の言
動のみに敏感となり、自分自身が他者を傷つけていることには注意を向けな
くなる。そして、命じられた行為の内容については責任を感じなくなるのだ。
ただしこれは、命令を下す人が近くにいて自分の行為を監視している状況（同
じ実験室内に実験者がいる場合）や、傷つける相手の様子が近くで見えない
場合に生じやすい。そうでない場合には、実験者の命令に服従し、生徒役に電

気ショックを与え続ける被験者は減少したことが報告されている。

　この章では、他者の存在がいかに行動に影響を与えるかについて説明した。私たちが他者の行動を見るときには、その行動は行為者の内面（パーソナリティや動機づけなど）によって生起していると考えがちだが、案外、行動の多くは、行為者が置かれている状況や立場、そして何より他者の存在によって影響を受けることが理解できただろう。

第 **14** 章

ジェンダー

あなたは SOGI という言葉を聞いたことはあるだろうか。**SOGI** とは、Sexual Orientation and Gender Identity(性的指向と性自認)の頭文字をとった言葉である。文部科学省が児童生徒に対応するために教員向けに作成した冊子では、性的志向と性自認について次のように記されている。

『「性自認」と「性的指向」は異なるものであり、対応にあたって混同しないことが必要です。性的指向とは、恋愛対象が誰であるかを示す概念とされています。「人権の擁護(平成 27 年度版)」(法務省人権擁護局)では、性同一性障害の人びとは「社会の中で偏見の目にさらされ、昇進を妨げられたりするなどの差別を受けてきました」とされています。また、性的指向が同性に向かう同性愛、男女両方に向かう両性愛の人びとについても「少数派であるがために正常と思われず、場合によっては職場を追われることさえあります。

このような性的指向を理由とする差別的取扱いについては、現在では、不当なことであるという認識が広がっていますが、いまだ偏見や差別が起きているのが現状です」とされています。Sexual Orientation(性的指向)と Gender Identity(性自認)の英語の頭文字をとった「SOGI」との表現もあります。まずは教職員が、偏見等をなくし理解を深めることが必要です』(文部科学省, 2016)

民族や宗教、出自や障害の有無と同様に、性的志向や性自認についてもその多様性を積極的に認めようとする一連の動きの中で、SOGI という言葉は作成された。この章では、性やジェンダーに関して説明する。

14.1 生物学的な性とジェンダー

　生物学的な性は、遺伝学的、解剖学的あるいは生理学的な性のことである。染色体でいえば、23 組目の性染色体が XY なら男性であり、XX であれば女性である。性染色体以外にも、身体の大きさや形態などの生物学的な性差も存在する。

　一方、文化的、社会的な性も存在する。生物学的な性はセックス、社会的な性はジェンダーとよばれ、両者は区別される。**ジェンダー**は、それぞれの文化・社会で、男性あるいは女性にふさわしいと期待されるパーソナリティ、態度、外見や振る舞い等の行動様式を指す。セックスとジェンダーは実は互いに密接に影響し合っており、ある行動を指して、それがセックスに影響されたものなのか、それともジェンダーに影響を受けたものなのかを明確に区別することはできない(鈴木, 1997)。

14.2 ジェンダー・ステレオタイプ

　表 14-1 にある問題にチャレンジしてみよう。これはジェンダー・ステレオタイプを測定することができる問題だ。あなたには、ドクター・スミスと運び込まれた父親と子どもとの関係がわかるだろうか。

(1) ジェンダー・ステレオタイプとは

　ステレオタイプとは、ある社会的カテゴリーに属する人物が共通して持っていると考えられる特性に関する思い込みのことである。ポジティブな内容のステレオタイプもあれば、ネガティブな内容のものもある。共通するのは、その思い込みはときに固定的で、根拠がなく、そして変化しにくいものであるということだ。

　ジェンダー・ステレオタイプとは、生物学的性によって分類された男女に関するステレオタイプのことを指す。一例をあげると、男性は強く、たくましく、行動的であり、積極的で頼りがいがある。一方女性は、やさしく、温かく、繊細であり、感情的である、などがあげられる。しかし実際には、男性の典型

的なイメージや、女性の典型的なイメージのみを体現している人はほとんどおらず、たいていは男性の典型例のイメージも女性の典型例のイメージもどちらも持ち合わせていることが多い。それにも関わらず、私たちは典型例を役割行動規範として用いやすいのだ。

表14-1　ドクター・スミス問題

　　ドクター・スミスはコロラド州立病院に勤務する腕利きの外科医である。仕事中は、常に冷静沈着、大胆かつ慎重で、州知事にも信頼されている。ドクター・スミスが夜勤をしていたある日、緊急外来の電話が鳴った。交通事故のけが人を搬送するので、すぐ手術してほしいという。父親は即死、子どもは重体だと救急隊員は告げた。20分後、重体の子どもが病院に運び込まれてきた。その顔を見て、ドクター・スミスはあっと驚き、茫然自失となった。その子は、ドクター・スミスの息子だったのだ。

　　あなたはドクター・スミスと交通事故にあった父子との関係がわかるだろうか？

　「男のくせにめそめそするな」「女のくせにでしゃばるな」といった非難は、典型的な男性と女性のイメージを規範とした例であろう。筆者は授業で、「女性らしさ尺度」を作成する課題を出したことがあるが、学生たちが作成した「女性らしさ」尺度を女子大学生に実施したところ、ほとんどの女子学生が10点満点中の2〜3点程度しか得点できず、満点であった女子学生はいなかった。女性らしさを測っているはずなのに、女性のほとんどは得点が低かったのだ。もちろん、作成した尺度が的外れな項目で構成されていた可能性もある。

　しかしそれよりも、学生が考えた女性らしい特徴自体が、ジェンダー・ステレオタイプによるものであり、実際にそれらの項目すべてにあてはまる人物がいなかったのだろう。私たちは生まれてすぐに家庭の中でジェンダー・ステレオタイプを経験する。そして成長に伴い、家庭の内外でジェンダー・ステ

レオタイプにさらされ続ける。そのため、意識していないつもりでも、ジェンダー・ステレオタイプに大きな影響を受けており、「男性は……」「女性は……」のような判断基準を持っていると考えられる。

（2）ジェンダー・ステレオタイプの形成と維持

ジェンダー・ステレオタイプの経験は生後からすでに始まっていると考えられるが、どのようにして形成され、維持されるのだろうか。武田らは、3 から 5 歳児の保護者と幼稚園や保育所の担任を対象とした調査を行い、保護者の考える理想の子ども像（自分の子どもがどのように育ってほしいか）について明らかにしている(2005)。

その結果、「たくましい」「つよい」「スポーツの得意な」「根性がある」は女児より男児に、「やさしい」「素直な」「明るい」「おしゃれな」は、保護者が男児より女児に求める特性であったことを報告している(図 14-1)。

保護者が嫌う特性については、男児では「人形遊びの好きな」「家の中で遊ぶのが好きな」「ままごとが好きな」などいずれも女児の特徴として見られるものがあげられ、女児では、「戦いごっこの好きな」「男の子とばかり遊ぶ」という男児の特徴として見られる 2 項目があげられていた。

つまり保護者は、従来のジェンダー・ステレオタイプに沿ったイメージを理想の子ども像と考えていることがわかる。意識していないとしても、家庭の中で保護者はこれらのジェンダー・ステレオタイプに従うように子どもを養育している可能性がある。

このように家庭の中で、ジェンダー・ステレオタイプの基礎が作られ、そしてそれは友人などの周囲との関わりやテレビの視聴などによって強化される。同じく武田ら(2005)の調査では、視聴している番組にも、ジェンダー・ステレオタイプの影響が見られる。特に悪者と戦うストーリ設定の番組では、男児は仮面ライダーや戦隊ものの〇〇ジャーを視聴するが、女児はプリキュアのような、主人公の女の子が悪者と戦う番組を視聴するように男女で分かれる。しかし、非戦闘系の番組は男女で視聴に差がないことから、視聴する番組にジェンダー・ステレオタイプの影響を見ることができる。これらに加えて、番組の中で、主人公の父親は会社員で母親は専業主婦であったり、登場人物が

女の子の場合には、着ている服がパステルカラーであるなど、あちらこちらにジェンダー・ステレオタイプの影響を見てとれる。主人公になりきって遊びながら、子どもたちは知らないうちにジェンダー・ステレオタイプを身につけるのかもしれない。

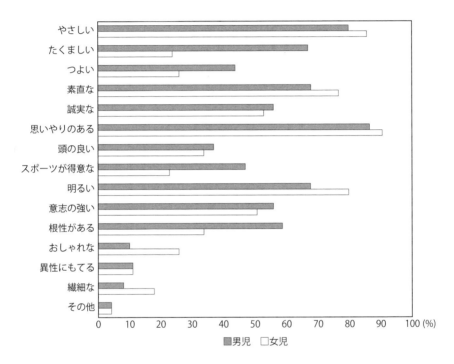

図14-1　保護者の理想の子ども像

武田ら（2005）を一部改変

　同様のことは教科書にもみられるらしい。中学校の英語の教科書を調べたところ、会話文の中で登場する人物の数には男女差はなかったものの、長文の読み物では明らかに男性のほうが主人公として登場しやすい。また挿絵に描かれる女性には赤系統の色が使われることが多く、男性には赤系統よりも青系統の色が使われることが多いのだ(伊藤, 2006)。

　このように、身の回りを見渡せば、ジェンダー・ステレオタイプの影響を容

易に見つけることができるだろう。家庭や社会の影響を受けて、ジェンダー・ステレオタイプは形成されるのだ。

　一度ジェンダー・ステレオタイプが形成されると、ジェンダー・ステレオタイプに合致したことのみが記憶される。合致しないことは例外として処理されるため、ジェンダー・ステレオタイプが修正されることはほとんどなく、維持され続ける。

（3）男性性と女性性

　ジェンダー・ステレオタイプが自己概念に取り入れられたものが「男性性」と「女性性」である。ベムは、男性性と女性性を独立した次元としてとらえることができる尺度(BSRI: Bem Sex-Role Inventory)を開発している(1974)（表 14-2)。

表 14-2　BSRI(Bem,1974)の項目例

男性性	自分の判断や能力を信じている 独立心がある スポーツマンタイプの 自己主張的な リーダーとしての能力を備えている
女性性	従順な はにかみ屋の 情愛細やかな 同情的な 人の気持ちを汲んで理解する
社会的 望ましさ	人の手助けすることをいとわない 良心的な 言動が大げさな 正直な 誠実な

この尺度では、アメリカにおいてそれぞれの性に望ましいとされる特性が用いられているが、男性性と女性性のそれぞれを独立して測定するため、両方の特性がともに高い場合(**アンドロジニー**)もあり得る。彼らは、アンドロジニーが安定したメンタルヘルスや社会適応につながることを明らかにしている。

　図 14-2 に示すように、アンドロジニーは女性のほうが多く、男性は男性性だけを持つ傾向が指摘されている(福富, 2006)。これは、女性が女性性だけではなく男性性も自己概念に取り込むことについて、周囲からの制約があまりないことに対して、男性は自己概念に女性性を取り込むことに対して周囲から制限されることが多いためであると考えられる(McCreary, 1994)。

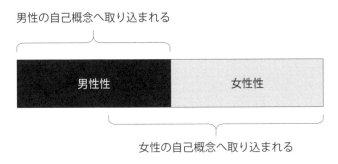

図 14-2　男性性と女性性の自己概念への取り込みにおける性差

福富（2006）を一部改変

（4）ジェンダーの病理

　男性性や女性性の過度の取り込みにより、さまざまな問題が生じることがある。まずは男性性から説明したい。先ほど説明したとおり、男性は女性に比べて、女性性を取り込むことには社会的に制約がある。つまり、男らしい女性は認められるが、女らしい男性は社会的に認められにくいのだ。

　鈴木によると、伝統的な男性役割は、「職業上の成功と達成」「肉体的・精神的強さと独立心」「感情表出の制限」「女々しくないこと」の４つがあげられる(1994)。男性性の持つ行動力やリーダーシップなどの特性が、社会的、職業的な成功や達成と結びつきやすいため、社会で成功することこそ「男らし

い」とされやすい。そのため、男性性を多く取り込むほど、常に競争に勝って成功しなければならないというプレッシャーにさいなまれることになり、短気、過度の達成欲求、敵対心、統制欲求、感情表現の欠如などのタイプＡパーソナリティを形成しやすいといわれる。

　タイプＡパーソナリティは、冠状動脈性心疾患との関係が指摘されているので、男らしくあろうとするほど、心疾患の危険性が増すと考えられる。しかも、社会で成功を収められない場合もまた問題である。その苦しみを感情的に表すのは男らしくないとされるので、つらく苦しい思いをしていても、それを表出して他者に助けを求めることは難しい。そのためか、男性の自殺率は女性の2倍以上も高いことが知られている(厚生労働省, 2018)。

　特に中高年の男性の自殺率が高いことから、経済的な問題が背後に想定される。男性らしくあろうとするほど、稼ぎ手として家族を支えきれなくなったときに、誰にも弱音をはけずに精神的に追い詰められていくのかもしれない(図 14-3)。

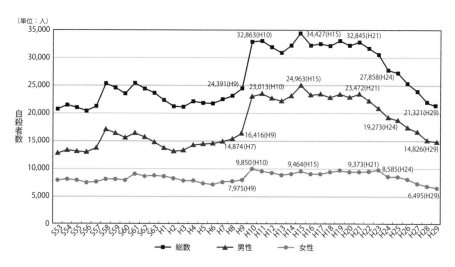

図 14-3　自殺者数の推移

厚生労働省（2018）

女性はどうであろうか。男性よりも、女性性と男性性の両方を自己概念に取り込むことに周囲は寛容である。しかし、女性性の特徴は、自己否定と自己客体化であり、女性性を取り入れることで不安を生じやすくなるといわれる(福富, 2006)。女性性が強い女性は、他人の世話や他人の要求に答える母親に同一化しやすいため、自分の欲求や要求を表すことを抑え、自己主張することが難しくなる。加えて、多くの文化や社会で、女性は男性の要求を受け入れる性として位置づけられており、男性の期待に沿うような振る舞いや容姿が求められる。このため、女性性を自己概念に取り込むことで不安や葛藤を生じやすいといわれている(Martine, 1996)。女性らしくあろうとすればするほど、男性の期待する女性像を演じなくてはならなくなり、また男性に選ばれる対象として自分の身体が男性からの評価と称賛を獲得できるように社会化されていくと考えられる。

女性性との関わりが指摘されるのが、摂食障害である。摂食障害とは、体重や体形に関する過度の思い込みから食事をまったくとらなくなったり(神経性食欲不振症)、極端に大量の食物を食べた後に、太らないために不適切な方法でそれらを体外に排出する(神経性大食症)などの食行動に関する病理である。神経性食欲不振症は 10 代で発症する人が多く、神経性大食症は 20 代で発症する人が多いといわれる。ともに約 9 割が女性であることが知られている。

最近の研究では、女性性を過剰に自己意識に取り込もうとした結果、摂食障害になってしまうのではないかと考えられている。どの程度女性性が摂食障害と関係しているのかについては明確でない部分もあるが、男性とはまた異なるジェンダー・ステレオタイプが招く病理である。

第15章
コミュニケーション

　私たちは、社交的で人と打ち解けやすい人のことを「コミュニケーション上手な人」と言ったり、なかなか人とうまく会話したり付き合ったりできない場合には「コミュニケーションが苦手」と言ったりする。このように、「**コミュニケーション**」は日常生活の中で人とのつき合いが上手かどうかの指標として捉えられている。インターネットの普及により、対面以外でのコミュニケーションの場も増えている現代では、これまで以上にコミュニケーションが重要視されているように感じる。そこでこの章では、他者と関わるために必要なコミュニケーショについて学ぶ。

15.1　コミュニケーションとは何か

　先に述べたように、私たちは日常的に「コミュニケーション」という言葉をよく使う。身近なところに目を向けると、「マス・コミュニケーション」のようなものであったり、「異文化コミュニケーション」であったり、単に人とのつき合いを超えた情報のやり取りを指して「コミュニケーション」という言葉を用いているのがわかるだろう。では、コミュニケーションとは一体、何を指すのだろうか。

　コミュニケーションの定義にはさまざまなものがある。たとえば、広辞苑第4版(1991)では「コミュニケーションとは、社会生活を営む人間の間に行われる、知覚、感情、思考の伝達」と定義されている。また、ガーブナー(1956)は、「①ある人が、②ある事実を知覚し、③それに、反応し、④ある状況の中

で、⑤ある方法により、⑥可能な要素を作り、⑦ある形式と、⑧脈絡で、⑨内容を伝達し、⑩ある影響をもたらす」と 10 の視点からコミュニケーションをとらえている。広辞苑の定義もガーブナーの定義もどちらも、ある人が何かしらの情報を相手に伝達し、影響をもたらすという単一方向のコミュニケーションを重視した点で共通している。

　しかし、これに批判的であったのが、E.M.ロジャーズ(1986)である。彼は「コミュニケーションとは、相互理解のために参画者が互いに情報を作り、わかち合う過程」と述べており、コミュニケーションの双方向性を重視する立場をとる。最近では、ロジャーズのようにコミュニケーションの双方向性を重視した考え方が広がっている。

　そもそも、"communication"の語源は、ラテン語の "communicare"であり、"to make common"の意味をもつ。つまり、「同じにする、共通にする」ことを意味する。お互いに同じ情報を共有する状態になることがコミュニケーションなのだ(稲葉, 1994)。片方の人から発信された情報は、もう片方の人によって受信され、共通の情報をお互いが持つ状態をコミュニケーションとよぶ。対面で人と会話をしているときはもちろんだが、ソーシャル・ネットワーク上で、相手の投稿に「いいね」を送ることももちろんコミュニケーションとなる。情報のやり取りはすべてコミュニケーションに含まれるのだ。

15.2　コミュニケーションの構造

　次に、2 人の人間のやり取りにおけるコミュニケーションの構造を考えてみたい。2 人のコミュニケーションが成立するためには、まず図 15-1 のように、メッセージ（情報）の送り手とそれを受け取る受け手が必要となる。送り手は、メッセージを記号化して送信し、受け手はその記号を解読して受信することになる。そして、メッセージの送受信は、**コミュニケーション・チャンネル**を通じて行われる。つまり、コミュニケーションが成立するためには、送り手、受け手、メッセージ、そしてコミュニケーション・チャンネルの 4 つの要素が必要となる。

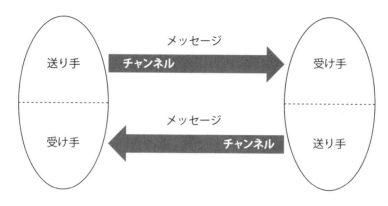

図 15-1　コミュニケーションの構造

15.3　さまざまなコミュニケーション・チャンネル

　コミュニケーションを成立させるための構成要素の 1 つがコミュニケーション・チャンネルであることはすでに述べたとおりである。コミュニケーション・チャンネルを分類すると表 15-1 に示されるように、音声を用いた聴覚チャンネルと、音声を用いない視覚チャンネルに大別される（下村, 2014）。

表 15-1　コミュニケーション・チャンネルの種類

聴覚的チャンネル	言語	発言の内容、意味など
	準言語	言語に付随するアクセント、声のトーン、速度、抑揚、間、発話のタイミングなど
視覚的チャンネル	身体動作	視線、表情、姿勢、ジェスチャーなど
	身体接触	他者接触など
	空間行動	対人距離、パーソナル・スペースなど
	人工物	服装、髪型、アクセサリー、化粧、持ち物など

　また、言語チャンネルを用いて行われるコミュニケーションのことを言語コミュニケーション、それ以外のチャンネルを用いて行われるコミュニケーションのことを非言語コミュニケーションとよぶこともある。次にそれぞれのコミュニケーション・チャンネルについて説明していこう。

＜聴覚チャンネル＞

① **言語**：文字どおり言語チャンネルを通じたコミュニケーションのことである。発言の内容や意味、手紙やメールの文章などがこれに含まれる。日常的に言葉で他者とやりとりしているため、言葉を操る能力が高ければコミュニケーションが上手であるように思うかもしれない。しかし、まず確認しておきたいのは、「言語能力≠コミュニケーション能力」ということだ。文法的に正しい言葉を使うことができるだけでは、コミュニケーション能力が高いとは言えないのだ。たとえば、授業中に先生の板書の字が汚くて判別ができないときに、学生の1人が「おいお前、きれいに板書しろ」と言う場合を考えてみたい。文法的には間違ってはいない。しかし、相手が目上の人間であることなど社会的文脈に照らし合わせて考えると、決して適切な発言ではないということがわかる。このように文法的には正しくとも、コミュニケーションとしては不適切である場合もあるのだ。コミュニケーションの中で言葉を用いるときには、置かれている状況に応じて適切な言葉を選んで使用する能力が求められる。

　また、言葉の持つ意味の曖昧さや多義性が言語チャンネルを通じたコミュニケーションを複雑にしている。言葉は常に字義どおりに理解すればよいわけではなく、文脈によって意味が異なる場合がある。文脈に即して言葉を理解することが求められるのだ。次の2つの例を見てほしい。

例1） 早朝、公園を散歩している最中に、向こうからやってきた年配の人に「とても暑いですね」と声をかけられた。

例2） 冷房が入っていない部屋で授業を行っているときに、ノートを団扇代わりにして仰いでいる学生が教員に、「とても暑いですね」と言った。

　例1、例2の「とても暑いですね」という発言内容は文字上では同じである。しかし、その発言の意図は異なる。例1の「暑いですね」は挨拶代わりの一言だろう。しかし例2の「暑いですね」は「暑いので冷房を入れてほしい」という意味をもつ一言である。このように言語は文字どおりに理解することだけでは不十分であり、その言葉が発せられた文脈と照らし合わせ、発信者

の意図を読み取ることが求められる。

② **準言語**：アクセント、声のトーン、話す速度、抑揚、間、発話のタイミングなど、会話に付随するものが準言語である。ウォルボットとシェーラー(1986)の研究では、プロの役者が演じる場面によって、準言語に違いがみられることが明らかにされている。怒りの場面では、役者たちは強くて高い声で、早いスピードで話しており、悲しみの場面では、弱弱しく、低い声で、ゆっくりとした話し方をしていた。私たちも、早口でまくし立てるように大声で話している人を見ると、怒っていると感じることがある。これは、準言語チャンネルを通じてメッセージを受け取っているからだろう。

＜視覚的チャンネル＞

① **身体動作**：身体動作には身体の動きのすべてが含まれる。視線、表情、姿勢、ジェスチャーは身体動作の例である。この中でも特に視線は重要なチャンネルとなる。「目は口ほどにものを言う」ということわざがあるように、視線は他のチャンネルに比べて優れた感情伝達機能を持つようだ。恋人同士の様子を観察すると、そこに会話はなくとも、見つめ合っているだけで、お互いに愛情を伝えあっていることがわかるだろう。また、口元は笑っていても目が笑っていない友人を見て、「本心は怒っているに違いない」と感じることがあるが、これは視線から読み取った情報を優先的に受信するためである。このように、視線が持つ伝達機能を私たちは重視しているのだ。

　　表情については、エクマンら(1975)の研究が有名である。エクマン(1975)らは、アメリカ、ブラジル、チリ、アルゼンチン、日本の５か国の人びとを対象に、怒り、幸福、悲しみ、嫌悪、恐怖、驚きの６つの表情をしている人たちの感情を正しく判断できるかどうか、実験を行っている。その結果、いずれの国の人びとも、それぞれの表情が示す感情をほぼ正しく判断することができた。つまり、私たちは、人種や文化が異なっていても、その表情が示す感情は同じだということになる。

　　ジェスチャーは言語コミュニケーションの代用としてよく使用される。「さようなら」と言う代わりに、「手を振る」のはよく用いられるジェスチ

ャーだ。ジェスチャーはストレートに伝わりやすく、騒音など聴覚的チャ
ンネルが使用できない環境では重宝される。また、言語コミュニケーショ
ンとともに用いることで、伝えたいメッセージを強調する効果を持つ。た
だし、ジェスチャーには地域差や文化差があることを忘れてはいけない。
たとえば、表 15-2 のように、地域や文化によっては、同じジェスチャーが
まったく異なる意味で使用されるので、誤解を生じないように留意して用
いる必要がある。

表 15-2　国別ジェスチャーの違い

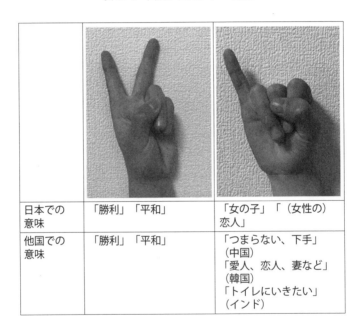

日本での意味	「勝利」「平和」	「女の子」「（女性の）恋人」
他国での意味	「勝利」「平和」	「つまらない、下手」（中国） 「愛人、恋人、妻など」（韓国） 「トイレにいきたい」（インド）

② **身体接触**：他の文化に比べ、日本では身体接触はあまり行われないが、直
接的に相手に触れることは感情を伝達する有用な手段として用いられる。
大学生を対象としたジェラード(1966)の研究から、親密な関係になるほど、
相手に触れる範囲が広がり、かつ身体の中心に触れるということがわかっ
ている（図 15-2）。

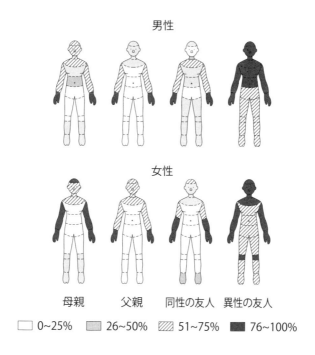

男性

女性

母親　　　父親　　同性の友人　異性の友人

□ 0~25%　■ 26~50%　▨ 51~75%　■ 76~100%

図 15-2　身体接触の部位（Jourard, 1996）

大坊(1998)より引用

③ **空間行動**：対人距離、パーソナル・スペース、座席行動などが含まれる。
　対人距離とは、二者間の物理的な距離を指す。この対人距離は、相手との関
　係性によって変化し、親密なほど対人距離は近くなり、知らない人や圧迫
　を感じる相手との距離は遠くなる。相手が仲の良い友人であれば、相手が
　近づいてきても不快に感じないが、知らない相手が近づくと、不快に感じ
　一定の距離を保とうとするのだ。
　　ホール(1970)は、アメリカのある地域を調べ、4つの距離相があることを
　明らかにしている。図 15-3 に見られるように、密接距離、個体距離、社会
　距離、公衆距離である。この対人距離も地域や文化によって影響を受ける。
　日本人の場合は、それぞれの距離相はホールが示したものよりも長いこと
　が知られている。

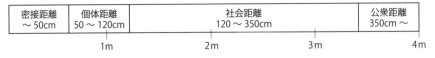

	密接距離	個体距離	社会距離	公衆距離
相手	恋人、家族	親しい友人	ビジネスや社交上の知人	講演や演説
特徴	体温、匂い、呼吸を感じられる距離	手を伸ばせば接触できる距離	顔や目の詳細な動きはわからないが、皮膚の色や服装などははっきり見える距離	コミュニケーションをとるためには、声や身振り手振りを大きくしなければ伝わらない距離

図 15-3　コミュニケーションにおける 4 つの距離

④ **人工物**：意外かもしれないが、着ている服、髪型、アクセサリー、化粧、持ち物などもコミュニケーション・チャンネルの 1 つである。たとえば、フォーマルかどうか、流行を取り入れた服装なのかどうか、相手との関係をどうとらえているのか、今日はどんな気分か、自分の個性をどうとらえているのかといった点が服装、アクセサリー、化粧、持ち物などの人工物のチャンネルを通じて相手に伝達される。就職面接のときに、リクルートスーツではなく、流行を取り入れた派手な格好で行くことは、相手に「自分は、面接をフォーマルなものと考えていない」というメッセージを送っているのと同じことになるのだ。意図せずに誤ったメッセージを送ってしまうことがあるため、自分の服装、髪型、アクセサリー、化粧、持ち物などにも十分意識を向けることが重要であろう。

15.4　コミュニケーション・チャンネルの特性

　以上述べてきたとおり、コミュニケーション・チャンネルにはさまざまなものが存在する。そして、コミュニケーションをはかる際、いずれか 1 つのコミュニケーション・チャンネルが用いられるのではなく、複数のコミュニケーション・チャンネルが同時進行的に使用されているのである。しかも、複数のコミュニケーション・チャンネルを通して伝達されるのは必ずしも同一のメッセージとは限らない。表 15-3 を見てほしい。

　言語チャンネルのみを用いた言語コミュニケーションと、それ以外のチャンネルで構成される非言語コミュニケーションに分けて説明しよう。言語コミュニケーションと非言語コミュニケーションで異なる方向性（ポジティブ/ネガティブ）のメッセージを送った場合、どのようにメッセージは受信されるのだろうか。言語コミュニケーションと非言語コミュニケーションの方向性が一致している場合、つまり、ポジティブな内容を笑顔で伝える、あるいは、ネガティブな内容を嫌そうな顔で伝える場合では、受信側は文字どおりの意味でメッセージを解釈する。しかし、ポジティブな内容を嫌そうな顔で伝える場合には、それは「皮肉」と解釈され、反対にネガティブな内容を笑顔で伝える場合には「冗談」と解釈される（工藤・下村, 1990）。これは一般的に、対人場面でのコミュニケーションにおいて、相手からのメッセージを解釈するときには、言語コミュニケーションよりも、非言語コミュニケーションによる情報が重視されるためである。

表 15-3　異なるメッセージの組み合わせ

		言語コミュニケーション	
		ポジティブ	ネガティブ
非言語コミュニケーション	ポジティブ	文字どおり	冗談
	ネガティブ	皮肉	文字どおり

　ではなぜ、非言語コミュニケーションが重視されるのだろうか。まず 1 つ目の理由として、非言語コミュニケーション・チャンネルの多様性があげられる。非言語コミュニケーションには、言語チャンネル以外のすべてのチャンネルを通じたコミュニケーションが含まれるため、さまざまなチャンネルを通じてメッセージを発信できる。もう 1 つの理由は、情報量の多さである。メラビアン(1968)によると、好意の伝達は、以下の式で表される。

　好意の総計 ＝ 言葉による表現（言語コミュニケーション）　7%
　　　　　　　＋ 声による表現（非言語コミュニケーション）38%
　　　　　　　＋ 顔による表現（非言語コミュニケーション）55%

　つまり、好意を伝える場合、その約 90%は非言語コミュニケーションによって伝えられるのだ。このようにメッセージについての情報量が多いことも、言語コミュニケーションより非言語コミュニケーションを重視する理由と考えられる。

15.5 雑 音

　コミュニケーションにおいて構成要素がすべてそろっていても、うまくコミュニケーションがはかれない場合があるのはどうしてだろうか。野村(2014)は、コミュニケーションを妨げる要因の 1 つに雑音をあげている。雑音には、物理的雑音、身体的雑音、心理的雑音、社会的雑音の 4 つが存在する（図 15-4）。

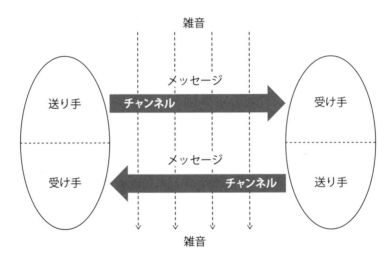

図 15-4　コミュニケーションにおける雑音

野村（2014）を一部改変

①物理的雑音は、音やそれ以外の物理的刺激によってコミュニケーションが妨げられるものであり、物理的刺激を取り除くなどの環境調整によって、コミュニケーションが妨害されなくなる。

②身体的雑音は、音がよく聞こえない、発話に障害があるなどの身体的な要因によって生じるものである。こちらも補助具を用いることにより、コミュニケーションを行うことが可能となるだろう。

③心理的雑音とは、心の問題によりコミュニケーションの発信や受信にゆがみが生じるものであり、防衛機制（第 7 章参照）や認知バイアスなどがその例として挙げられるだろう。自己概念が脅かされるまたは傷つけられるのを防ぐために、無意識に生じる心を守る働きが防衛機制である。そのため、防衛機制が生じていることに本人は気がつかない。認知バイアスもまた、本人がその認知の偏りに気づかないままであることが多い。このため、これらがコミュニケーションを妨げる要因となっていること自体に気が付かず、繰り返し用いられることが多い。

④社会的雑音とは、偏見や誤解に基づく先入観であり、ステレオタイプがこれに相当する。社会や地域、家族、学校など自分以外からの影響を受けて形成されるのがステレオタイプである。心理的雑音と同様に、コミュニケーションを妨害する要因となっていることに気が付かないまま使用されていることが多いと考えらえる。

　コミュニケーションを妨害する雑音を持っている人もいれば、持っていない人もいるだろう。自分のコミュニケーションを振り返り、これらの雑音によってゆがんだメッセージを発信あるいは受信していないか、確かめてみてほしい。

参考文献

[第 1 章]

(1) Hull, C.L., (1943), *Principles of behavior,* Appleton-Century. (能見義博、岡本栄一 (訳)『行動の原理』誠信書房、1965 年)

(2) Hull, C.L., (1952), *A behavior system : an introduction to behavior theory,* Yale University Press. (能見義博、岡本栄一 (他訳)『行動の体系』誠信書房、1971 年)

(3) 田中 美知太郎 (編)『世界の名著 6 プラトン I』中央公論社、1993 年.

(4) Tolman, E.C., (1932), *Purposive behavior in animals and men,* Century. (富田達彦 (訳)『新行動主義心理学 : 動物と人間における目的的行動』清水弘文堂、1977 年)

(5) Watson, J.B., (1913), Psychology as the behaviourist views it. *Psychological Review,* **20**, pp.158-177.

(6) Watson, J. B., (1914), *Behavior : An introduction to comparative psychology.* New York: Holt.

(7) Wertheimer, M., (1912), Experimentell Studien über das Sehen von Bewegung. *Zeitschrift für Psychologie,* **61**, pp.161-265.

[第 2 章]

(1) 松田隆夫『視知覚』培風館、1995 年.

(2) Milewski, A.E., (1979), Visual discrimination and detection of configurational invariance in three-month infants. *Developmental Psychology,* **15**, pp.357-363.

[第 3 章]

(1) Adolphs, R., Tranel, D., & Damasio, A.R., (1998), The Human amygdala in social judgment. *Nature,* **393**, pp.470-474.

(2) Arnold, M.B., & Gasson, J.A., (1954), Feeling and emotion as dynamic factors in personality integration. In M.B. Arnold & J.A. Gasson (Eds.), *The Human person : An approach to an integral theory of personality.* New York: Ronald.

(3) Ax, A., (1953), The physiological differentiation between fear and anger in human. *Psychosomatic Medicine*, **15**, pp.433-442.

(4) Bower, G.H., Gilligan, S.G., & Monteiro, K.P., (1981), Selectivity of learning caused by affective states. *Journal of Experimental Psychology : General,* **110**, pp.451-473.

(5) Eich, E., Macaulay, D., & Ryan, L., (1994), Mood dependent memory for events of the personal past. *Journal of Experimental Psychology : General,* **123**, pp.201-215.

(6) 濱 治世、鈴木直人、濱 保久『新心理学ライブラリ 17 感情心理学への招待 ―感情・情動へのアプローチ―』サイエンス社、2001 年.

(7) 今田純雄、北口勝也『現代心理学シリーズ 4 動機づけと情動』培風館、2015 年.

(8) Nomura, M., Ohira, H., Haneda, K., Iidaka, T., Sadato, N., Okada, T., & Yonekura, Y., (2004), Functional association of the amygdala and ventral prefrontal cortex during cognitive evaluation of facial expressions primed by masked angry faces: an event-related fMRI study. *Neuroimage,* **21**, pp.352-362.

(9) 澤田瑞也『感情の発達と障害 ―感情のコントロール』世界思想社、2009 年.

(10) Shacter, S., & Singer, W.B., (1962), Cognitive, social and psychological determinants of emotional state. *Psychological Review,* **69**, pp.379-399.

(11) 鈴木直人『朝倉心理学講座 10 感情心理学』朝倉書店、2007 年.

(12) Cannon, W.B,(1931), "Again the James-Lange theory of emotions: A critical examination and an alternative theory" *Psychological Review*, **38**, pp.281-295.

(13) Ekman, P., & Friesen, W.V. ,(1978), *Facial action coding system*, Consulting Psychologists Press. (工藤 力 (訳)『表情分析入門』誠信書房、1987 年)

(14) Strack, F., Martine, L.L., & Stepper, S.,(1988), Inhibiting and facilitating conditions of the human smile: a nonobtrusive test of the facial feedback hypothesis. *Journal of Personality and Social Psychology*, **54**, pp.768.

［第4章］

(1) Atkinson, R.C. &Shiffrin, R.M., (1968), Human memory: A proposed system and its control process. In K. W. Spence & J.T. Spence (Eds.), *The psychology of learning and motivation*, **2**. Academic Press. pp.89-195.

(2) Baddeley, A.D., (1998), *Human memory : Theory and practice*, revised ed. Allyn & Bacon.

(3) Carmichel, L.L., Horgan, H.P., &Walter, A.A., (1932), Experimental study of the effect of language on the reproduction of visually perceived form. *Journal of Experimental Psychology,* **15**, pp.73-86.

(4) Chamberlain, D., (1988), *Babies Remember Birth*. New York: St. Martin's Press. (片山陽子（訳）『誕生を記憶する子どもたち』春秋社、1991 年)

(5) Ebbinghaus, H., (1885), *Memory : A Contribution to Experimental Psychology*. Trans by H.A. Ruger & C.E. Bussenius 1964 Dover Publications. (宇津木 保（訳）『記憶について : 実験心理学への貢献』誠信書房、1978 年)

(6) Loftus, E.L. & Ketcham, K., (1994), *The Myth of Repressed Memory : False memories and allegations of sexual abuse*. New York: St. Martin's Press. (仲真紀子（訳）『抑圧された記憶の神話 偽りの性的虐待の記憶をめぐって』誠信書房、2000 年)

(7) Loftus, E.F. & Palmer, J.C., (1974), Reconstructions of automobile destruction: A example of the interaction between language and memory. *Journal of Verbal Learning and Verbal Behavior,* **13**, pp.585-589.

(8) Miller, G.A., (1956), The magical number seven, plus or minus two: Some limits on our capacity for processing information. *Psychological Reviews,* **63**, pp.81-97.

［第5章］

(1) Bandura, A., Ross, D., & Ross, S.A., (1961), Transmission of the aggression through imitation of aggressive models. *Journal of Applied Social Psychology,* **63**, pp.575-582.

(2) 今田 寛、中島定彦『学習心理学における古典的条件づけの理論 パヴロ

フから連合学習研究の最前線まで』培風館、2003 年.

(3) KÖhler, W., (1921), *Intelligenzprüfungen an Menschenaffen*, 2. Aufl Springer. (宮 孝一 (訳)『類人猿の知恵試験』岩波書店、1962 年)

(4) Maier, S.F., Seligman, M.E.P., & Salomon, R.L., (1969), *Punishment and Aversive Behavior* ed. B.A. Campbell, R.M. Church, pp.299-343. New York: Appleton.

(5) Pavlov, I.P., (1928), *Lectures on conditioned reflexes : Twenty-five years of objective study of the higher nervous activity (behavior) of animals* (W.H. Gantt Trans). New York: International Publishers.

(6) Seligman M.E.P.& Maier, S.F., (1967), Failure to escape traumatic shock. *Journal of Experimental Psychology,* **74**, pp.1-9.

(7) Skinner, B.F., (1938), The Behavior of Organisms: An Experimental Analysis. Appleton-Century-Crofts.

(8) 高野清純、新井 邦二郎『図で読む心理学 ―学習』福村出版、1991 年.

(9) Tolman, E. C., (1923), A Behavioristic Account of the Emotions. *Psychological Review,* **30**, pp.217-227.

(10) Watson, J.B., & Rayner, R., (1920), Conditioned emotional reaction. *Journal of Experimental Psychology,* **3**, pp.1-4.

(11) Watson, J.B., (1930), *Behaviorism*, rev. ed. Norton.

［第 6 章］

(1) Berlyne, D. E., (1958), The influence of complexity and novelty in visual figures on orienting responses. *Journal of Experimental Psychology,* **55**, pp. 289-296.

(2) Bexton, W. H., Heron, W., & Scott, T. H., (1954), Effects of decreased variation in the sensory environment. *Canadian Journal of Psychology/Revue canadienne de psychologie,* **8**(2), pp.70-76.

(3) Butler, R. A., (1953), Discrimination learning by rhesus monkeys to visual-exploration motivation. *Journal of Comparative and Physiological Psychology,* **46**(2), pp.95-98.

(4) Davis, C.M., (1928), Self selection of diet by newly wanted infants an experimental study. *Am J Dis Child,* **36**, pp.651-679.

(5) Harlow, H. F., (1950), Learning and satiation of response in intrinsically motivated complex puzzle performance by monkeys. *Journal of Comparative and Physiological Psychology,* **43**, pp.289-294.

(6) Hebb, D.O., (1972), *Textbook of Psychology.* 3rd. ed. Saunders. (白井 常 (訳)『行動学入門 ―生物科学としての心理学』紀伊國屋書店、1975 年)

(7) Maslow, A.H., (1970), *Motivation and personality.* 2rd ed. Harper & Row. (小口忠彦 (訳)『人間性の心理学：モチベーションとパーソナリティ[改訂新版]』産業能率大学出版部、1987 年)

(8) Murray, H.A., (1938), *Explorations in personality,* Oxford, England: Oxford Univ. Press

(9) Murray, E.J., (1964), *Motivation and emotion,* Prentice-Hall. (八木 冕 (訳)『現代心理学入門 3 動機と情緒』岩波書店、1966 年)

(10) Richter, C.P. & Hawkes, C.D., (1939), Increased spontaneous activity and food intake produces in rats by frontal poles of the brain. *Journal of Neurol Psychiatry,* **2**, pp.231-242.

(11) Schachter, S., (1959), *The psychology of affiliation* : *Experimental studies of the sources of gregariousness.* Palo Alto, CA, US: Stanford Univer. Press.

(12) 瀬川道治 (編)、杉本助男『刺激欠乏環境 いま環境を考える』pp.114-127、共立出版、1983 年.

(13) Sundstrom, E., & Altman, I., (1974), Field study of territorial behavior and dominance. *Journal of Personality and Social Psychology,* **30**, pp.115-124.

［第 7 章］

(1) Atkinson, J.W., & Litwin, G.H., (1960), Achievement motive and test anxiety conceived as motive to approach success and motive to avoid failure. *Journal of Abnormal and Social Psychology,* **60**, pp.52-63.

(2) Rotter, J. B., (1966), Generalized expectancies for internal versus external control of reinforcement. *Psychological Monographs,* **80**, pp.1-28.

(3) Winer, B., (1986), *An Attribution Theory of Motivation and Emotion*. Springer-Verlag.

［第 8 章］

(1) Erikson, E.H., *Identity and Life Cycle* (International University Press, 1959). (小此木 啓吾 (訳)『自我同一性』誠信書房、1982 年)

(2) Goddard, H.H., *The Kallikak family* : *a study in the heredity of feeble-mindedness* (Macmillan, 1912).

(3) Harlow, H.F.,(1959),"Love in Infant Monkeys", *Scientific America*, **200**, pp.68-74.

(4) Harlow, H.F. & Zimmermann, R.R.,(1959),"Affectional responses in the infant monkey", *Science*, **130**, pp.421-432.

(5) 柏木恵子『おとなが育つ条件 ―発達心理学から考える』岩波書店、2013 年.

(6) 西村純一、平沢尚孝「現代学生にみる老いへの知識と態度」『東京家政大学生活科学研究所研究報告』16、pp.25-33、1993 年.

(7) 岡本祐子「中年期の自我同一性に関する研究」『教育心理学研究』33、pp.295-306、1985 年.

(8) Rowe, J.W. & Kahn, R.L., (1987),"Human aging: Usual and successful" *Science*, **237**, pp.143-149.

(9) Staudinger, *et al.*, (1994), *Materialien aus derBildungsforschung Nr.46* : *Manual for the assessment of wisdom-related knowledge*. Teachers College Bureau of Publication.

(10) 山口智子 (編)『老いのこころと寄り添うこころ』遠見書店、2012 年.

［第 9 章］

(1) 藤島 寛、山田尚子、辻平治郎「5 因子性格検査短縮版(FFPQ-50)の作成 パーソナリティ研究」13、pp.231-241、2005 年.

(2) Immisch, O., (1923), *Theophrasti Characteres*. Lipsiae et Berolini in Aedibus

B.G. Teubneri. (森 進一 (訳)『エチコイ・カラクチレス (人さまざま)』岩波書店、1982 年.

(3) Kretshmer, E., (1955), *Korperbau und Charakter* 22 Auflage. (相場 均 (訳)『体格と性格』文光堂、1960 年)

(4) Shikishima, C., Ando, J., Ono, Y., Toda,T. & Yoshimura, K., (2006), Registry of adolescent and young adult twins in the Tokyo area. *Twin Research and Human Genetics*, **9**, pp.811-816.

(5) 敷島千鶴、平石 界、安藤寿康「一般的信頼に及ぼす遺伝と環境の影響 ― 行動遺伝学的、進化心理学的アプローチ社会心理学研究」**22**、pp.48-57、2006 年.

[第 10 章]

(1) Costa, P.T. Jr. & McCrae, R.R., *The NEO Personality Inventory Manual*, Psychological (Assessment Resources, 1985).

(2) Hathaway, S.R. & McKinley, J.C., *The Minnesota Multiphasic Personality Inventory* (University of Minnesota Press, 1943). (阿部満州ら『日本版 MMPI 使用手引』三京社、1963 年)

(3) 坂元 章ら、「通俗的心理テストの結果のフィードバックによる自己成就現象 ―女子大学生に対する実験と調査―」実験社会心理学研究、**35**、pp.87-101、1995 年.

(4) Snyder, C. R., & Shenkel, R. J., (1976), "Effects of "favorability," modality, and relevance on acceptance of general personality interpretations prior to and after receiving diagnostic feedback", *Journal of Consulting and Clinical Psychology,* **44**, pp.34-41.

(5) 辻岡美延『新検査法 Y-G 性格検査実施・応用・研究手引き』日本心理研究所、1982 年.

[第 11 章]

(1) 青木孝悦「性格表現用語の心理学辞典的研究 ―455 語の選択、分類、および望ましさの評定―」心理学研究、**42**、pp.1-13、1971 年.

(2) Byrne, D.& Nelson, D., (1965), Attraction as a linear function of proportion of positive reinforcements. *Journal of Personality and Social Psychology,* **6**, pp.659-663.

(3) Dutton, D.G. & Aron, A.P., (1974), Some evidence for heightened sexual attraction under conditions of high anxiety. *Journal of Personality and Social Psychology,* **30**, pp.510-517.

(4) Festinger, L., Schachter, S., & Back, K., (1950), *Social Pressures in Informal Groups : A Study of Human Factors in Housing.* Harper & Brothers.

(5) Heider, F., (1958), *The Psychology of Interpersonal Relations.* Wiley. (大橋正夫 (訳)『対人関係の心理学』誠信書房、1978 年)

(6) 井上和子「恋愛関係における Equity 理論の検証」実験社会心理学研究、**24**、pp.127-134、1985 年.

(7) 松井 豊『セレクション社会心理学 12 恋心の科学』サイエンス社、1993 年.

(8) Walster, E., Aronson, V., Abrahams, D. & Rottman, L., (1966), Importance of physical attractiveness in dating behavior. *Journal of Personality and Social Psychology,* **4**, pp.508-516.

(9) Zajonc, R.B., (1968), Attitudinar effect of mere exposure. *Journal of personality and social psychology, Monograph Supplement,* **9**, pp.1-27.

[第 12 章]

(1) Berkman, L.F., & Syme, S.L., (1979),"Social networks, host resistance, and mortality: A nine-year follow-up study of Alameda county residents". *American Journal of Epidemiology,* **109**, pp.186-204.

(2) Caplan, G., (1974), *Support systems and community mental health.* Behavioral Publications. (近藤喬一 (他訳)『地域ぐるみの精神衛生』星和書店、1979 年)

(3) Cobb, S., (1976), "Social support as a moderator of life stress", *Psychosomatic Medicine,* **38**, pp.300-314.

(4) Darley, J.M. & Latané, B., (1968), "Bystander intervention in emergencies: Diffusion of responsibility". *Journal of Personality and Social Psychology,* **8**,

pp.377-383.

(5) 遠藤伸太郎ら、「大学生における抑うつ傾向の効果的な低減に向けた検討」『パーソナリティ研究』26、pp.102-111、2015 年.

(6) Homes, T.H. & Rahe, R.H., (1967), "The social readjustment rating scale" *Journal of Psychosomatic Research*, 11, pp.213-218.

(7) House, J.S., (1981), *Work stress and social support*. Addison-Wesley.

(8) 稲葉昭英ら、「ソーシャル・サポート」研究の現状と課題」『哲学』85、pp.109-149、1978 年.

(9) 菊島勝也「ソーシャル・サポートのネガティヴな効果に関する研究」、『愛知教育大学教育実践総合センター紀要』6、pp.239-245、2003 年.

(10) Latané,B. & Darley, J.M., (1968), "Group inhibition of bystander intervention in emergencies", *Journal of Personality and Social Psychology*, 10, pp.215-221.

(11) Spiegel, D., *et al.*, (1989), "Effect of psychosocial treatment survival of patients with metastatic breast cancer", *The Lancet*, 334, pp.888-891.

(12) Warneken, F., Tomasello, M., (2006), "Altruistic helping in human infants and young chimpanzees", *Science*, 311, pp.1301-1303.

［第 13 章］

(1) Asch, S., *Effects of group pressure upon the modification and distortion of judgement*. In H. Guetzkow(ed.), *Groups,leadership and men* (Carnegie Press, 1951).

(2) Cottrell, N.B., *Social facilitation*, In C.G. McClintock(ed.), *Experimental Social Psychology* (Holt, Rinehart & Winston, 1972).

(3) Latané, B.*et al.*, (1979), "Many hands make light the work: Causes and consequences of social loafing", *Journal of Personality and Social Psychology*, 37, pp.822-832.

(4) Milgram, S., Obedience to authority (Harper and Row, 1974). (岸田 秀 (訳)『服従の心理』河出書房新社、1975 年)

(5) Ross, R., Bierbrauer, G., & Hoffman, S., (1976), "The role of attribution process in conformity and dissent: Revisiting the Asch situation" *American*

Psychologist, **31**, pp.148-157.

(6) Schmitt, B. H. *et al.*, (1986), "Mere presence and social facilitation: One more time" *Journal of Experimental Social Psychology*, **22**, pp.242-248.

(7) Zajonc, R. B., (1965), "Social facilitation", *Science*, **149**, pp.269-274.

(8) Zinbardo, P.G., (1973), "On the ethics of intervention in human psychological research: With special reference to the Stanford prison experiment" *Cognition*, **2**, pp.243-256.

［第 14 章］

(1) Bem, S.L., (1974), The measurement of psychological androgyny. *Journal of Consulting and Clinical Psychology*, **42**, pp.155-162.

(2) 福富 護『朝倉心理学講座 14 ジェンダー心理学』朝倉書店、2006 年.

(3) 伊藤明美「テキストに隠されたジェンダー・バイアス：中学校の英語のテキストを中心に」藤女子大学紀要 第 1 部、**43**、A101-A111、2006 年.

(4) 厚生労働省「平成 29 年における自殺の状況」2018 年.

(5) Martine, K.A., (1996), *Puberty, sexuality, and the self*：*Girl and boys at adolescence*. New York: Routlege.

(6) McCreary, D.R., (1994), The male role and avoiding femininity. *Sex Roles,* **31**, pp.517-531.

(7) 文部科学省「性同一性障害や性的指向、性自認に係る児童生徒に対するきめ細やかな対応等の実施について」(教職員向け)、2016 年.

(8) 鈴木淳子『レクチャー「社会心理学」Ⅲ 性役割 ―比較文化の視点から』垣内出版、1997 年.

(9) 鈴木淳子「脱男性役割態度スケール(SARLM)の作成」心理学研究、**64**、pp.451-459、1994 年.

(10) 武田京子、笹原裕子、松葉口玲子「幼児のジェンダーアイデンティティの形成過程とその要因」保育学研究、**43**、pp.142-154、2005 年.

［第 15 章］

(1) 大坊郁夫『しぐさのコミュニケーション』サイエンス社、1998 年.

(2) Ekman, P. & Friesen, W.V. Unmasking the face (Prentice-Hall, 1975)（工藤 力（訳編）『表情分析入門』誠信書房、1987 年）

(3) George Gerbner, G., (1956), "Toward a General Model of Communication" *AV Communication Review*, **4**, pp. 171-199.

(4) Hall,E.T. *The hidden dimension* (Doubleday & Company, 1966)（高敏 隆、佐藤 信行（訳）『かくれた次元』みすず書房、1970 年).

(5) 稲葉三千男『コミュニケーション発達史』創風社、1994 年.

(6) Jourard, S.M., (1966), "An exploratory study of body-accessibility" *British Journal of Social and Clinical Psychology*, **5**, pp.221-231.

(7) 工藤 力ら「不一致メッセージに関する研究」『大阪教育大学紀要第IV部門』**47**、pp.449-469、1990 年.

(8) 新村 出『広辞苑第 4 版』岩波書店、1991 年.

(9) Mehrabian, A., (1968), "Relationship of attitude to seated posture, orientation, and distance", *Journal of Personality and Social Psychology*, **10**, pp.26-30.

(10) 野村豊子『高齢者とのコミュニケーション』中央法規、2014 年.

(11) Rogers, E.M., *Communication technology : the new media in society* (Free Press, 1986).（安田寿明（訳）『コミュニケーションの科学』共立出版、1992 年).

(12) 下村陽一「実際的コミュニケーションの構造と機能(I)」『大阪教育大学紀要第IV部門』**62**、pp.79-87、2014 年.

(13) Wallbott, H.G. & Sherer, K.R., (1986), "Cue and channels in emotion recognition" *Journal of Personality and Social Psychology*, **51**, pp.690-699.

索 引

著者略歴

森本 幸子（もりもと さちこ）

2003年 東京大学大学院 総合文化研究科 生命環境科学系 認知行動科学 博士課程 単位取得退学（学術博士）。東北医科薬科大学 教養教育センター 准教授。臨床心理士。公認心理師。

主著 『健常者の被害妄想的観念に関する実証的研究』（単著, 風間書房, 2005）、『認知行動療法、べてる式。』（分担執筆, 医学書院, 2007）、『基礎心理学の臨床的ふだん使い 事例でわかる心理学のうまい活かし方』（分担執筆, 金剛出版, 2011）ほか多数。

2019年 3月28日 　　　　　初 版 第1刷発行
2021年 1月30日 　　　　　第2版 第1刷発行

こころを科学する心理学入門 [第2版]

著　者　森本幸子　©2021
発行者　橋本豪夫
発行所　ムイスリ出版株式会社

〒169-0073
東京都新宿区百人町1-12-18
Tel.03-3362-9241(代表)　Fax.03-3362-9145
振替 00110-2-102907

カット：MASH　　　　ISBN978-4-89641-297-0　C3011